LES

MOHICANS

DE PARIS

PAR

ALEXANDRE DUMAS

6

PARIS
ALEXANDRE CADOT, ÉDITEUR
37, rue Serpente
—
1854

LES MOHICANS DE PARIS

Le Neuf de Pique, *par la comtesse Dash.*	6 vol.
Le dernier Chapitre, *par la même.*	4 vol.
Camille, *par Roger de Beauvoir.*	2 vol.
Le Veau d'Or, *par Frédéric Soulié.*	10 vol.
Les Parvenus, *par Paul Féval.*	3 vol.
Le Tueur de Tigres, *par le même.*	2 vol.
Le Capitaine Simon, *par le même.*	2 vol.
La sœur des Fantômes, *par le même.*	3 vol.
La Fée des Grèves, *par le même.*	3 vol.
Les Belles de Nuit, *par le même.*	8 vol.
Deux Trahisons, *par Auguste Maquet.*	2 vol.
Le Docteur Servans, *par A. Dumas, fils.*	2 vol.
Tristan-le-Roux, *par le même.*	3 vol.
Césarine, *par le même.*	1 vol.
Aventures de quatre Femmes, *par le même.*	6 vol.
Les Drames de Province, *par André Thomas.*	4 vol.
Les Ouvriers de Paris, *par le même.*	4 vol.
Deux Marguerite, *par madame Charles Reybaud.*	2 vol.
Hélène, *par la même.*	2 vol.
Les Iles de Glace, *par G. de la Landelle.*	4 vol.
Une haine à bord, *par le même.*	2 vol.
Le Morne-aux-Serpents, *par le même.*	2 vol.
Falcar le Rouge, *par le même.*	5 vol.
Piquillo Alliaga, *par Eugène Scribe.*	11 vol.

Fontainebleau, imp. de E. Jacquin.

LES

MOHICANS

DE PARIS

PAR

ALEXANDRE DUMAS

6

PARIS
ALEXANDRE CADOT, ÉDITEUR
37, rue Serpente.

1854

I

La couvée de rossignols.

Pendant ce temps, Carmélite, de son côté, écrivait la lettre suivante à ses trois amies de Saint-Denis.

A Régina, — a Lydie, — a Fragola.

« Adieu mes sœurs !

» Nous nous étions juré, à Saint-Denis, quelle que fût la différence de notre position dans le monde, de nous aimer, de nous défendre et de nous servir pendant toute notre vie comme nous avions l'habitude de le faire à la pension ; il était convenu qu'en cas de danger, chacune de nous viendrait à l'appel de l'autre, en quelque lieu et à quelque distance qu'elle se trouvât.

» Eh bien, mes sœurs, je tiens mon serment : je vous appelle ; tenez le vôtre : venez !

» Venez baiser une dernière fois le front glacé de celle qui fut votre amie ici-bas ! venez ! mon dernier soupir volera vers vous en disant : « Je vous attends ! »

» Mais, en quittant ce monde, je vous dois la confidence de ce brusque départ.

» Mes sœurs, je serais indigne de vous, si, croyant mes maux guérissables, je ne vous avais point appelées pour les guérir; mais, hélas! la plaie était mortelle, et votre triple tendresse n'eût pu que jeter dessus les fleurs de notre amitié.

» Ne regrettez cependant point ma vie, ô mes sœurs! et enviez bien plutôt ma mort; car je meurs comme d'autres vivent, avec joie, avec ravissement, avec bonheur!

» J'aime! — et, si jamais vous avez aimé, vous comprendrez le sens de ce mot... Si vous n'aimez pas encore aujourd'hui, vous le comprendrez demain. — J'aime l'homme de mon choix, de mon goût, de mes rêves; j'ai trouvé réunies, dans une créature humaine, toutes les richesses de bonté, de beauté, de vertus, dont chacune de nous parait le héros qu'elle devait épouser.

» Ne pouvant l'épouser en ce monde, je me fiance avec lui ce soir, et je vais l'épouser dans l'autre.

» Nous mourrons cette nuit, mes sœurs, et, si demain vous arrivez de bonne heure, avant que la mort ait eu le temps d'effeuiller ses violettes sur nos joues, vous verrez les deux plus beaux fiancés que la terre ait jamais portés.

» Mais ne versez pas une seule larme sur leurs fronts, ne troublez pas leur sommeil par vos gémissements, car jamais aussi, jamais âmes de fiancés ne seront montées plus radieuses, plus pures vers le ciel.

» Adieu, mes sœurs !

» Mon seul regret est de n'avoir pas pu vous embrasser toutes les trois avant de mourir ; mais ce qui adoucit pour moi l'amertume de ce regret, c'est la pensée que peut-être je n'aurais pu résister à vos larmes, et que votre affection, si tendre et si dévouée, m'eût fait reprendre goût à la vie, tandis que j'éprouve, à mourir, une indicible félicité.

» Ne me regrettez donc pas ; mais pensez à moi quelquefois, quand, le soir, par une nuit sereine, à la clarté de la lune, amie mélancolique des morts, vous vous promènerez en murmurant des mots sans suite, appuyées au bras de l'homme que vous aimerez.

» Dites-vous que, moi aussi, — qui vous regarderai penchée au bord des nuages frangés d'argent, — que, moi aussi, j'ai passé des heures adorables, pendant les nuits de printemps, à écouter les premiers mots d'amour, à respirer les premiers parfums des roses.

» Pensez à moi, quand, seules et l'attendant, à chaque bruit de voiture qui s'arrête, à chaque bruit de porte qui se ferme, vous allez, pour calmer la fièvre de l'absence, fureter dans sa chambre, embrasser les livres, les papiers, les objets qu'il a touchés ; dites-vous que, moi aussi, j'ai baisé, le soir, les feuilles des allées où il avait passé le matin.

» Adieu, mes sœurs !

» Les larmes me viennent aux yeux, à

la pensée que je vais le quitter ; mais le sourire me vient aux lèvres, à la pensée que je vais le suivre.

» Soyez heureuses !

» Vous méritez tous les bonheurs que votre enfance vous promettait. J'ignore pourquoi vous m'avez aimée si vivement : je n'étais pas digne d'être des vôtres.

» Vous étiez gaies et insouciantes : moi, j'étais sérieuse et réfléchie ; vous veniez me chercher dans le petit sentier solitaire où je me promenais, et vous m'entraîniez avec vous, par la main, dans le bruit et dans les jeux ; mais je déparais votre trio charmant, car vous vous rappelez que madame la surintendante, vous voyant, un jour, toutes trois enlacées, vous avait appelées les trois Grâces; ce à quoi l'abbé avait répliqué sévèrement : « Il faudrait » plutôt dire, madame, les trois Vertus. »

» Et c'était bien la vérité.

» Régina, c'était la Foi : Lydie, c'était l'Espérance; Fragola, c'était la Charité.

» Adieu, ma Foi! adieu, mon Espérance! adieu, ma Charité! adieu, mes sœurs

» Que mon absence serve à vous resserrer davantage ; aimez-vous encore mieux, s'il est possible : il n'y a que l'amour de bon en ce monde ! tâchez de vivre de l'amour qui me fait mourir ; je ne saurai vous souhaiter une plus ineffable félicité.

» Je vous lègue mon seul bien sur cette terre, mon unique trésor : mon rosier blanc — si, toutefois, il ne meurt pas avec nous. Vous le cultiverez chacune tour à tour ; vous en conserverez les fleurs, et, le 15 mai, jour anniversaire de ma naissance, vous viendrez ensemble les effeuiller sur ma tombe.

» C'est ainsi que, par une nuit de printemps, j'ai effeuillé, moi, toutes mes joies en ce monde.

» Vous obtiendrez mon pardon de madame la surintendante, elle m'appelait, vous en souvenez-vous? son *bel oiseau rose;* vous lui direz que son bel oiseau rose, redoutant le plomb du chasseur, est remonté aux forêts azurées.

» Vous trouverez près de moi cette lettre à votre adresse; elle sera posée sur une symphonie que j'ai composée.

» Je crois que j'aurais pu devenir une grande artiste.

» Ce morceau vous est dédié à toutes trois, car je pensais à vous en l'écrivant. Il est intitulé : *La Couvée de Rossignols.*

» Un jour de cet été, je vis tomber de l'arbre un nid de rossignols que l'orage avait asphyxiés ; — il y a une foudre pour les oiseaux comme pour les hommes ! — c'est le sujet de ma symphonie que vous étudierez et jouerez en mémoire de moi.

» Pauvres petits oiseaux ! ils sont l'image des illusions que j'ai enviées toute ma vie, et qui sont mortes à peine écloses !

» Adieu une dernière fois, car, malgré moi, je le sens, mes yeux se mouillent de larmes, et, si ces larmes tombaient sur ma lettre, elles effaceraient les paroles de bonheur que j'ai tracées.

» Adieu, mes sœurs !

» Carmélite. »

Cette lettre terminée, elle en écrivit trois autres qui étaient de simples rendez-vous à ses amies, pour le lendemain sept heures du matin.

Puis elle appela la jardinière.

— Y a-t-il encore une levée de poste aujourd'hui ? demanda-t-elle.

— Oui, mademoiselle, répondit Nanette; en vous pressant un peu vos lettres partiront aujourd'hui à quatre heures.

— Et à quelle heure seront-elles distribuées à Paris?

— A neuf heures du soir, mademoiselle.

— C'est ce qu'il me faut... Prenez ces trois lettres, et jetez-les à la poste.

— Oui, mademoiselle... Mademoiselle n'a plus rien à me recommander?

— Non; pourquoi?

— C'est que c'est aujourd'hui mardi gras.

— Jour de fête, dit en souriant Carmélite.

— Oui, mademoiselle, et nous avons fait la partie d'aller cinq ou six à Paris, où nous devons nous réunir à une grande mascarade des blanchisseuses de Vanves, et, à moins que mademoiselle n'ait besoin de moi...

— Non ; vous pouvez aller à Paris.

— Merci, mademoiselle.

— A quelle heure rentrerez-vous ?

— A onze heures, peut-être plus tard : il est bien possible que l'on danse.

Carmélite sourit de nouveau.

— Amusez-vous bien, dit-elle, et rentrez à l'heure qu'il vous plaira, nous n'aurons pas besoin de vous.

En effet, non-seulement Carmélite n'avait pas besoin de la jardinière, mais encore ce départ entrait dans ses vues.

Colomban et elle allaient donc être tout

seuls dans la maison, et c'était la pensée de cette solitude qui faisait sourire la jeune fille.

La jardinière sortit, et, vers quatre heures du soir, les deux jeunes gens, se sentant libres, ne songèrent plus qu'aux préparatifs de leur mort.

A partir de ce moment, le monde disparut pour eux ; ils se promenèrent bien encore quelques instants au milieu des arbres noirs et dépouillés de leurs feuilles, dans les allées du jardin, mais ils s'y promenaient comme les ombres d'eux-mêmes.

Les feuilles et les branches mortes qu'ils

foulaient aux pieds, ces arbres aux bras décharnés, ce ciel gris que le soleil cherchait inutilement à percer, la cloche du hameau qui sonnait mélancoliquement les heures, le bruit monotone de la trompe du carnaval, qui, de temps en temps, retentissait tristement dans le lointain, tout, bruit et silence, solitude et souvenir du monde, tout les préparait au long repos, tout les invitait à la mort.

Ils remontèrent dans l'appartement, et, hors la chambre de Camille, qui était restée fermée depuis son départ, ils visitèrent toutes les pièces pour leur dire un dernier adieu.

Lorsqu'ils furent arrivés à la chambre

de Carmélite, la jeune fille ouvrit la fenêtre, et, prenant le bras de Colomban :

— J'étais à cette place, lui dit-elle, le jour du départ de Camille ; à dater de ce jour seulement, j'ai compris l'étendue de la haine que j'avais pour lui, par la grandeur de l'amour que j'avais pour vous ; à dater de ce jour, Colomban, j'ai rompu avec la vie et pactisé avec la mort... Mais, dès ce moment aussi — pardonnez-moi, Colomban ! — dès ce moment, m'est venu ce désir égoïste de mourir avec vous.

Colomban pressa la jeune fille contre son cœur.

— Merci ! dit-il.

Puis ils emportèrent le rosier qui devait être le compagnon de leur agonie.

Mais, sur le seuil, Carmélite s'arrêta.

— C'est ici, dit-elle au jeune homme, que pour la première fois j'ai eu la révélation de votre amour... Oh ! comment, pendant une demi-heure que vous êtes resté là, durant cette bienheureuse nuit, comment ai-je résisté à me jeter dans vos bras ?

Puis, lui montrant la fenêtre du corridor :

— C'est de cette fenêtre que je regardais veiller votre lampe, dit-elle, et je restais là jusqu'à ce que votre lampe fût éteinte.

Ils descendirent l'escalier, Carmélite souriant, le jeune homme soupirant:

— Que de fois, dit Carmélite, je suis descendue, au milieu de l'obscurité, n'entendant pas le bruit de mes pas, mais entendant celui de mon cœur! Tenez, voilà l'allée que je suivais, et souvent pendant l'été — quand vous dormiez, les persiennes fermées, mais la fenêtre ouverte — légère comme une ombre, je venais coller mon oreille aux volets, pour écouter votre souffle. Presque toujours votre sommeil était agité par quelque mauvais songe, et, moi, alors, les bras tendus, la poitrine haletante, j'étais prête à vous dire : « Ouvre-moi, Colomban, je suis l'ange des rêves roses ! » Dites-moi ce qui troublait votre sommeil, mon bel ami.

Et elle présenta son front pur et limpide au baiser du jeune homme.

Puis, tous deux entrèrent dans le pavillon, Carmélite la première, Colomban derrière elle.

Colomban ferma la porte à la clé et au verrou.

II

To die, to sleep.

Colomban posa la clé sur la cheminée.

La chambre à coucher du jeune homme s'était transformée en une véritable chapelle.

Tout ce qu'il y avait de fleurs épanouies dans la petite serre dont les vitraux brillaient au soleil dans un coin du jardin, quand le soleil se montrait par hasard, avait été mis à contribution par Carmélite.

Carmélite avait caché les fenêtres avec des rideaux de mousseline blanche; elle avait étendu sur la cheminée, comme sur une table d'autel, un dessus brodé, et y avait placé, de même que sur le piano, sur le guéridon et sur chaque meuble, des vases remplis de fleurs.

Tout ce qu'il était resté de fleurs après cette distribution, elle l'avait effeuillé sur le parquet.

On eût dit qu'ils étaient déjà descendus dans le caveau mortuaire.

Ils s'assirent sur le sofa, et causèrent une heure à peu près.

Puis, la nuit étant venue, ils allumèrent la lampe.

Comme si Carmélite eût eu peur que cette mort à deux ne lui échappât, elle faisait à toute minute un mouvement pour se lever, et aller chercher le charbon, amassé sur un réchaud dans le cabinet de toilette, à côté de la chambre.

A chaque mouvement, Colomban l'arrêtait : au moment de cesser de la voir, il ne l'avait pas assez vue ; il voulait la voir encore.

Vers neuf heures du soir, il prit à Carmélite l'idée de se mettre au piano et de chanter. — Dans l'antiquité, quand les cygnes chantaient, eux aussi faisaient entendre leur voix à l'heure de la mort.

Jamais le cri de la douleur, jamais l'hymne de la joie n'avaient été reproduits par un tel chant! jamais la voix de Carmélite, qui s'étendait des cordes les plus basses aux notes les plus élevées, qui attaquait hardiment et sans transition l'ut de poitrine après l'ut d'en bas, n'avait accompli de semblables prodiges ! il semblait que Dieu lui donnât pour dire adieu au monde qu'elle quittait, pour saluer celui dans lequel elle allait entrer, des accents de plainte et de félicité pareils à ceux de ces anges déchus qui, à la suite d'un long exil sur la terre, sont, par la miséricorde infinie du Seigneur, rappelés au ciel, leur première, leur seule, leur véritable patrie.

Enfin, lasse de parcourir les espaces sans bornes où plane la réalité, où s'égare le rêve, sa voix s'éteignit comme un soupir mélodieux, qui, longtemps encore après s'être éteint, vibra dans le cœur du jeune homme.

Colomban s'était approché de Carmélite ; de sorte que, l'improvisation funèbre achevée, la jeune fille avait laissé tomber sa tête sur son épaule, et ses deux mains dans ses mains.

Le piano était redevenu muet, comme un cadavre dont l'âme s'est envolée.

Il se fit dans l'obscurité un long silence interrompu seulement par le souffle confondu des deux jeunes gens.

Tout à coup, la pendule tinta.

Tous deux, sans se le dire, comptèrent les vibrations du bronze.

— Onze heures! dirent-ils tous deux.

Puis, Carmélite ajouta :

— Ami, il est temps.

Colomban se leva, alluma deux bougies, en laissa une à Carmélite, et passa avec l'autre dans le cabinet au charbon.

— Où vas-tu? lui demanda Carmélite.

— Je veux bien que tu meures, dit Colomban, mais je ne veux pas que tu souffres.

Carmélite comprit qu'il s'agissait de

quelque soin préparatoire, et laissa faire Colomban.

Mais, quand il voulut refermer la porte :

— Non, non, mon ami ! dit-elle ; éloignez-vous de moi ; mais que je vous voie toujours !

Colomban laissa la porte ouverte.

Son intention était d'allumer d'avance le réchaud dans le cabinet voisin, de manière à ce que les premières vapeurs grossières du charbon pussent s'échapper, et à ce qu'il ne s'en dégageât plus que ces miasmes subtils qui pénètrent jusqu'au cerveau, et qui donnent la mort sans douleur.

Autant donc Carmélite avait pris de précautions pour calfeutrer portes et fenêtres, autant Colomban en prit pour tout ouvrir, afin que l'air extérieur emportât les premières émanations carboniques.

Carmélite regardait avec un ineffable sourire.

Les mains de la jeune fille étaient naturellement retournées au piano, comme des oiseaux encore jeunes reviennent à leur nid.

Elles erraient incertaines, mais harmonieuses, sur les touches ; l'instrument, qui venait de faire entendre le gémissement qu'on avait pris pour un dernier soupir, semblait se réveiller et lutter contre la mort, en laissant, comme fait le mourant dans le dernier délire de l'agonie, échapper des mots entrecoupés et sans suite.

Ainsi que l'avait dit Carmélite à Colomban, elle ne le perdait pas de vue.

Tandis que ses doigts frissonnants erraient sur l'ivoire et sur l'ébène, tandis que son pied distrait cherchait et pressait instinctivement la pédale, son œil, fixé sur Colomban, regardait les lueurs de la

flamme qui éclairaient d'un reflet rougeâtre le front du jeune homme agenouillé et
soufflant le feu mortel.

—Que tu es beau, mon bien-aimé! mur-
murait-elle, que tu es beau!

En effet, jamais peut-être la noble et
belle figure du Breton n'avait été plus noble et plus belle qu'à la lueur de cette
flamme éclairant à la fois la sérénité de la
résolution mêlée à la douce mélancolie du
regret.

Le charbon mit un quart d'heure à peu
près à s'allumer : puis lorsque les vapeurs
trop épaisses s'en furent dégagées, Co-

lomban referma la fenêtre du cabinet, et vint, éclairé du reflet rougeâtre, apporter le réchaud au milieu de la chambre.

Puis il retourna fermer la porte du cabinet.

Carmélite se leva, et, tandis que le piano jetait un soupir qui, cette fois, était bien le dernier, elle alla au-devant du jeune homme.

Colomban était pâle et presque chancelant : il avait abordé, lui, ces premières vapeurs qu'il avait voulu épargner à Carmélite.

Tous deux vinrent, les bras entrelacés, s'asseoir sur le canapé : c'était là qu'ils avaient résolu de mourir.

Ils y étaient depuis quelques instants, les yeux sur leurs yeux, dévorant leur dernier regard à la lueur de la bougie posée sur le piano, quand minuit sonna.

Un léger tressaillement fut la seule attention que les deux jeunes gens donnèrent au bruit de l'heure qui s'envolait.

Que leur importait, en effet, la marche du temps, à eux qui avaient déjà un pied dans l'éternité!

Quiconque fût entré dans cette chambre, et eût vu les deux beaux jeunes gens ainsi chastement enlacés, et échangeant leurs plus doux regards et leurs noms prononcés à demi-voix, les eût pris pour deux fiancés causant d'amour. et formant mille projets d'avenir, car rien n'indiquait sur leur visage la plus faible émotion.

Ils avaient cette force et ce calme des gens étrangers aux choses de ce monde; ils n'appartenaient plus à la terre: le tonnerre pouvait gronder, la maison pouvait crouler : ils fussent restés impassibles.

Leurs corps semblaient déjà morts, et c'étaient leurs âmes seules qui échangeaient des paroles entre elles.

L'âme de Colomban, s'épanouissant comme une fleur sous le souffle de la jeune fille, disait :

— O mon amour! ô ma vie! j'ai bien mérité les joies sans mélange que tu me donnes à cette heure! J'avoue ma faiblesse à cet instant suprême, Carmélite! ma Carmélite bien-aimée! je n'ai point passé un jour, une minute, une seconde, sans songer à toi. Tu me demandais tantôt, ange des rêves roses, ce qui agitait mon sommeil : c'était ton gracieux fantôme, qui venait s'appuyer à mon chevet, et qui, s'inclinant vers moi, me caressait le front avec le bout de ses cheveux; d'autres fois, c'était le cortége gracieux des belles jeunes filles dont j'avais vu le visage dans les peintures, dans les livres d'heure, dans les manuscrits des siècles passés : toutes ces jeunes filles, c'était toi ! toi toujours ! les unes avaient tes regards ; les autres, ton sourire ; toutes chantaient avec ta voix, et leur chanson disait : « Viens avec nous, mon frère ! l'homme n'est point fait pour une vie solitaire et déserte ! si tu n'aimes pas, fils des grèves sauvages, le bruit de l'océan des hommes, nous savons des retraites isolées, des oasis adorables, où les ruisseaux murmurent éternellement, où les oiseaux chantent toute la nuit ! Oh ! que de fois, ma Carmélite bien-aimée ! je me suis réveillé en sursaut à cette voix que je prenais pour la tienne, étendant les mains, et croyant te saisir ! mais, alors, debout, à la place où je t'avais vue, apparaissait le spectre de ma conscience, qui m'arrêtait au passage, et me rejetait, anéanti, haletant, brisé, sur mon lit fiévreux... Mais ai-je besoin de te dire ce qui troublait mes nuits? ne sais-je pas, moi, ce qui troublait les tiennes? O mon amie! je t'aime de toutes les puissances de mon être, et je n'existe que depuis que je t'ai aimée! Qu'est-ce que la science, qu'est-ce que la gloire, qu'est-ce que la renommée, près de l'amour que j'ai pour toi? Est-ce que la science m'a fait vivre? est-ce que la gloire et la renommée eussent ajouté une pulsation à mon pouls, un battement à mon cœur? Non, je n'ai réellement vécu qu'à compter de l'heure où j'ai su que j'allais mourir... O ma Carmélite bien-aimée! je voudrais m'ouvrir la poitrine pour te montrer mon cœur à nu : les paroles expriment mal les passions, ou plutôt la passion qui bouillonne en moi. Je n'ai jamais aimé qu'une seule femme avant toi dans ce monde ; elle avait ta beauté, ta grâce, ta force ; elle me tenait enlacé comme tu me tiens ; je lui passais les deux bras autour du cou, je lui baisais les yeux pour empêcher les larmes d'en sortir, et je lui disais : « Ne meurs pas ! ne meurs pas ! » car elle était comme nous aux portes de la mort ; et, de son côté, elle m'embrassait tendrement en me disant : « Tu trouveras une autre femme que moi en ce monde, une femme qui t'embrassera plus tendrement que moi encore ; bénie soit la femme qui baisera la première le front pur de mon fils ! » Eh bien, cet être chéri, adorable, adoré, cette première femme que j'ai aimée, ma mère, je l'ai oubliée pour toi, ou plutôt, je t'aime du même saint amour, ô mon amie, ô ma sœur ! Carmélite ! Carmélite !

Et l'âme de la jeune fille répondait, tandis que le corps baisait chastement de ses lèvres ardentes le front du jeune homme :

— Que la bénédiction de ta mère descende sur ta tête, ô Colomban ! jamais baiser plus pur n'aura plané au-dessus d'un front plus immaculé ! Moi non plus, ô mon amour, ô ma vie, ô ma mort ! je n'ai point passé une heure sans songer à toi ; car je t'ai aimé depuis le jour où je t'ai connu, et, si un mauvais souffle ne m'avait pas aveuglée, j'eusse voulu te donner toutes les félicités que l'homme peut rêver sur la terre ! Mais ces amours terrestres n'eussent pas suffi, sans doute, à assouvir nos tendresses ardentes, pour un amour divin, il faut de célestes hyménées; — et voilà pourquoi nous rejetons nos enveloppes mortelles, afin que nos âmes, débarrassées du poids de leur corps, puissent aller s'unir dans les pures régions. Devant Dieu, vers lequel nous allons monter nous tenant par la main, je jure de t'aimer, ô Colomban! à travers le temps, à travers l'espace, les mondes inconnus ! Dussé-je, en franchissant le seuil de ce monde, être plongée avec toi dans la fournaise ardente que la religion catholique promet à ses damnés, la douleur éternelle me sera plus douce avec toi que toutes les félicités d'ici-bas... Je jure de t'aimer au milieu des flammes des fournaises! dussé-je être plongée dans un abîme profond où ton regard, ta voix, ton souffle ne puissent arriver, ma pensée illuminera le gouffre, et je te sentirai, je te verrai, je t'entendrai, car je jure de t'aimer dans les profondeurs de l'abîme!... Je me regarde, à partir de cette heure, comme étroitement liée, indissolublement enchaînée à toi; nulle puissance humaine ne pourrait nous désunir en ce moment, nulle puissance divine ne saurait nous séparer tout à l'heure; car — tu me l'as dit souvent, mon bien-aimé Colomban! — ce Dieu vengeur dont les hommes s'épouvantent, n'est rien autre chose que la grande âme du monde, avec laquelle nos âmes vont se confondre et se réunir, comme, le soir venu, les rayons du soleil remontent à son foyer... Embrasse-moi donc, Colomban, et que nos âmes s'unissent comme nos lèvres, afin de monter plus vite au séjour lumineux !... Je ne vois déjà plus tous les objets qui m'entourent qu'à travers un brouillard, les yeux de mon corps s'obscurcissent peu à peu ; mais il me semble, avec les yeux de l'âme, voir scintiller les étoiles, dont le cercle s'entr'ouvre pour nous laisser passer... Adieu, mon bien-aimé ! adieu, tout ce que j'ai aimé dans ce monde, tout ce que j'aimerai dans l'autre, adieu ! serre-moi dans tes bras, pour que nous nous envolions ensemble... J'entends chanter en moi des milliers de voix douces qui redisent ton doux nom... Colomban! Colomban! jamais âme plus virginale que la tienne n'est remontée au ciel! Adieu, mon amour!... adieu, ma vie! adieu, mon Colomban!...

Un instant, les deux âmes se turent, comme assoupies.

L'air respirable de la chambre se chargeait peu à peu d'acide carbonique; la bougie ne jetait plus qu'une flamme pâle, qu'une lueur effacée.

La flamme du réchaud dansait comme un feu-follet, se nuançant aux regards alourdis des deux jeunes gens de toutes les couleurs du prisme.

De grosses gouttes de vapeur tombaient en perles sur le corps de la jeune fille ; des teintes violacées couraient sur son visage.

Colomban fit un effort suprême, la prit entre ses bras, et, chancelant comme un homme ivre, d'un seul élan la transporta du canapé sur le lit ; lui tomba au pied du lit, se releva, et, en se cramponnant, parvint à reprendre sa place auprès d'elle.

Carmélite, pendant ce temps-là, employant ses dernières forces au service de la pudeur, rabattit le bas de sa robe qui, en se relevant, laissait voir la cheville de son pied.

Puis, elle chercha à détacher la cordelière qui servait d'embrasse aux rideaux du lit; — elle y parvint à grand'peine.

Alors, au milieu d'éblouissements terribles, avec un cercle de fer qui lui comprimait de plus en plus le front, elle noua sa robe autour de ses jambes, afin que, dans les convulsions de l'agonie, le bas de sa robe ne pût s'envoler.

Lorsqu'elle eut fini, elle sentit le bras de Colomban qui l'attirait vers lui.

— Oui, mon fiancé, murmura-t-elle, oui, me voilà !

Et les deux jeunes gens, pour la première fois, se trouvèrent les mains dans les mains, les cheveux dans les cheveux, les lèvres sur les lèvres.

Ce fut là seulement qu'ils échangèrent leur premier baiser d'amour.

On eût dit la Pudeur et la Chasteté, ces deux sœurs divines, s'embrassant fraternellement sous le regard de la Virginité, leur mère.

Ce fut Colomban qui perdit ses forces le premier.

Il s'interrompit au milieu d'un baiser,

une sueur glacée parcourut son corps; il essaya de se cramponner de nouveau au cou de Carmélite, mais sa gorge était serrée comme par une main de fer, sa langue inerte, et à peine put-il prononcer ces derniers mots :

— Viens! viens! viens!

Et sa tête inanimée retomba sur la poitrine de la jeune fille, qui, malgré le bruissement de ses tempes, le tintement de ses oreilles, venait d'entendre le dernier appel de son amant, et qui, en sentant cette tête bien-aimée s'alourdir sur sa poitrine, frissonna et jeta un faible cri.

C'est un fait notoirement reconnu par la médecine, et que prouvent toutes les statistiques sans que cependant la science puisse l'expliquer : dans le suicide d'un homme et d'une femme, c'est généralement l'homme qui succombe le premier.

Nous constatons le fait devant nos lecteurs ; l'explique qui pourra.

Ce fut donc Colomban qui succomba le premier.

Carmélite, en comprenant que son bien-aimé venait de rendre le dernier soupir, rouvrit les yeux, parut recouvrer un instant ses forces, et trouva assez de voix pour crier, une dernière fois, avec toutes les cordes de son âme :

— Colomban! Colomban!

Puis, elle attira son front sur ses lèvres, réunit tout ce qui lui restait de vie, et l'embrassa pour la dernière fois, en disant :

— Me voici! me voici!

Et sa tête inanimée retomba près de celle de son amant.

Une heure sonnait à la pendule.

III

Une lettre très pressée.

C'était justement, si on se le rappelle bien, l'heure à laquelle, la querelle du tapis franc apaisée, les trois jeunes gens et leur sauveur se mettaient à table.

Vous n'avez point oublié, chers lecteurs,

que Salvator et Jean Robert, en quittant la rue Aubry-le-Boucher, avaient laissé leurs deux amis, Pétrus et Ludovic, endormis sur la table, à la garde du garçon, qui, sur la recommandation de Salvator, avait répondu d'eux.

Puis, on se le rappelle encore, ils étaient allés rue Saint-Jacques, où le son du violoncelle les avait conduits près de Justin. Ils avaient écouté le récit du maître d'école; ils s'étaient trouvés là au moment de la péripétie amenée par la lettre de Mina; Salvator avait couru à la police pour savoir des nouvelles de la jeune fille enlevée; Jean Robert était allé chercher un cheval, et Justin avait suivi Babolin chez la Brocante, où il avait été rejoint par Jean Robert et par Salvator.

Alors, avec les nouveaux renseignements qu'il avait reçus de la vieille sorcière, et la recommandation de Salvator d'empêcher qu'on n'entrât ni dans la chambre de Mina, ni dans le jardin, il était parti à franc étrier pour Versailles.

Quant à Salvator et à Jean Robert, ils étaient allés attendre M. Jackal au Pont-Neuf ; là, l'homme de police les avait recueillis dans sa voiture, où il leur racontait succinctement l'événement que nous avons, au contraire, mis sous les yeux de nos lecteurs dans toute sa sombre prolixité.

Laissons Justin courir à cheval à Versailles, laissons Jean Robert, Salvator et M. Jackal courir en voiture au Bas-Meudon, et revenons à Ludovic et à Pétrus, qui dorment sur la table du tapis franc..

Le premier qui se réveilla au bruit que faisait une joyeuse société pour s'emparer à son tour de ce quatrième étage dont la conquête avait coûté tant de peine aux trois jeunes gens.

Le garçon, fidèle aux injonctions de Salvator, ne voulait pas même permettre que l'on entrât dans la chambre où dormaient Ludovic et Pétrus.

C'était le bruit que faisait la société, en insistant, qui avait tiré le jeune docteur de son sommeil.

Il ouvrit les yeux, il écouta.

Son premier mouvement, en se rappelant ce qui s'était passé, fut qu'il allait, après avoir pris la ville d'assaut, être forcé d'en soutenir le siége. Mais, cette fois, les assiégeants attaquaient avec de si joyeux rires, ces rires paraissaient s'échapper de si jeunes et si fraîches bouches, que Ludovic jugea qu'il y aurait peut-être quelque plaisir à gagner, en se laissant prendre par de pareils adversaires.

— En conséquence, il alla lui-même ouvrir la porte.

A l'instant même, une troupe de pierrots et de pierrettes, de malins et de poissardes, fit irruption dans la chambre avec un tel bruit et de tels éclats de rire, que Pétrus se leva tout effaré, en criant : *Au feu!*

Pétrus rêvait d'incendie.

Mais, au milieu de cette irruption, Ludovic avait senti deux jolis bras se nouer autour de son cou, tandis qu'une bouche, dont chaque souffle faisait voltiger la barbe du loup de velours qui cachait tout le haut du visage, lui disait avec les lèvres les plus roses et les dents les plus blanches qu'il eût jamais vues :

— C'est donc toi, carabin de mon cœur,

qui te donnes le luxe de retenir des appartements à toi tout seul.

— D'abord, dit Ludovic, si tu t'étais donné la peine de regarder autour de toi, Pierrette ma mie, tu aurais vu que je ne suis pas seul.

— Ah! tiens, tiens, tiens, dit la pierrette, voilà, en effet, maître Raphaël en personne; veux-tu qu'on te pose pour la jambe de la femme de l'incendie du Bourg, toi qui criais au feu quand nous sommes entrés?

Et la jeune fille, relevant son pantalon, montra, sous un fin bas de soie, une de ces jambes comme en cherchent les peintres, et comme en trouvent les cardinaux.

— Ah! je connais cette jambe-là, princesse, dit Pétrus.

— Chante-Lilas! s'écria Ludovic en même temps.

— Puisque je suis reconnue, je dépose le masque, dit la belle blanchisseuse; d'ailleurs, on boit mal quand on n'a pas le visage découvert : à boire, je meurs de soif!

Et toute la société, qui se composait de

cinq ou six blanchisseuses de Vanves, et de trois ou quatre jardiniers de Meudon, accompagnés de leurs amoureuses, répéta en chœur :

— A boire ! à boire !

— Silence ! dit Ludovic ; l'appartement est à moi, c'est donc à moi d'en faire les honneurs. Garçon, six bouteilles de vin de Champagne pour moi.

— Et six pour moi, garçon ! dit Pétrus.

— A la bonne heure, dit la princesse ;

et l'on vous reconnaîtra cela, en vous gardant à chacun une joue.

— Pair ou non, dit Pétrus en tirant une poignée de monnaie de sa poche.

— Que faites-vous, seigneur Raphaël? demanda Chante-Lilas.

— Je joue à Ludovic sa joue contre ma joue, dit Pétrus.

— Pair pour la paire, répondit Ludovic, répondant dans la même langue que lui parlait son ami.

— Ah! nous tirons donc toujours de

pétards, dit la princesse, revenant à sa locution accoutumée; pif-paf! Il ne nous manque que Camille, il tirerait le bouquet.

Dans ce moment, le garçon rentra avec les douze bouteilles de vin de Champagne.

— Le bouquet, le voilà, dit-il en faisant sauter le bouchon de deux bouteilles, dont il avait coupé le fil de fer dans l'escalier.

— Gagné! cria Ludovic, en embrassant Chante-Lilas sur les deux joues; je t'enlève, Sabine!

Et, prenant dans ses bras la princesse de Vanves, comme il eût fait d'un enfant, il l'emporta à une table, où, après s'être assis lui-même, il l'assit sur son genou.

Au bout d'une heure, les douze bouteilles étaient bues, plus douze autres que la société, pour ne pas être en reste, avait fait venir à son tour.

— Maintenant, dit Chante-Lilas, il s'agit de s'en retourner à Vanves; voilà Nanette qui avait promis à sa maîtresse d'être de retour à onze heures, et qui a une lettre à lui donner. Or, il est trois heures du matin; heureusement que la lettre est pressée.

— Quatre heures, princesse, dit Pétrus.

— Et la patronne qui se lève à cinq ! s'écria Chante-Lilas. En route, toute la troupe !

— Bah ! dit la comtesse du Battoir, elle aura fait la noce de son côté, la patronne, et aujourd'hui, elle ne se lèvera qu'à six.

— Princesse, demanda Ludovic, à quand votre premier voyage à Paris ?

— Oh ! dit Chante-Lilas, comme si vous vous inquiétiez encore de cela.

— Certainement, que je m'en inquiète ; surtout quand je n'ai plus de linge.

— En voilà une petitesse, dit Chante-Lilas. Eh bien, vous l'aurez quand vous le viendrez chercher vous-même, votre linge.

— Chante-Lilas, pas de bêtises ! la semaine a été rude aux chemises blanches, et je ne puis pas aller voir mes malades avec une chemise de dentelle.

— Venez chercher votre linge.

— Oh ! s'il ne s'agit que de cela, et qu'il y ait place dans votre carrosse, princesse, me voilà.

— Sans farce ?

— C'est comme j'ai l'honneur de le dire à votre altesse.

— Bravo ! bravo ! Nous boirons du lait au moulin de Vanves. Venez-vous, seigneur Raphaël ?

— Viens-tu, Pétrus ? Bah ! les plus longues folies sont les meilleures.

— Sambleu ! dit Pétrus, ce n'est pas la bonne volonté qui me manque ; par malheur, j'ai une première séance.

— Eh bien, remets ta séance, parbleu !

— Imposible! dit Pétrus, j'ai parole engagée.

— Alors, dit Chante-Lilas, c'est sacré, et la Fornarina donne congé à Raphaël; viens, roi des malins!

Et elle tendit le bras à Ludovic, qui, décidé à enterrer gaîment le carnaval, régla son compte et celui de Pétrus, descendit l'escalier quatre à quatre, et monta dans la gigantesque tapissière qui avait amené toute la société de Vauves à Paris.

Pétrus, qui demeurait rue de l'Ouest, prit congé de son ami, en lui souhaitant bien du plaisir, et répondant encore, malgré la distance et l'obscurité, aux bruyants adieux que lui envoyait la joyeuse société.

— Eh bien, mais, demanda Ludovic, où diable allons-nous donc comme cela? Il me semble que nous prenons le chemin de Versailles, et non celui de Vanves?

— Si Raphaël ne nous avait pas quittés, roi des malins, répondit Chante-Lilas, il dirait à votre majesté que tout chemin conduit à Rome.

— Je ne comprends pas, dit Ludovic.

— Regarde Nanette, la belle jardinière.

— Je la regarde.

— Eh bien, comment la trouves-tu?

— Jolie; après?

— Eh bien, elle n'est venue qu'à la condition qu'on la déposerait à sa porte.

— Bon; et pourquoi cela?

— Mais, reprit la comtesse du Battoir, puisqu'on vous dit qu'elle a une lettre pressée.

— Pourquoi ne l'a-t-elle pas donnée avant de partir, sa lettre?

— Parce qu'elle était au bout du village, quand elle a rencontré le facteur; que nous l'attendions entre Vanves et le Bas-Meudon, et que cela lui faisait une demi-heure de retard.

— A la bonne heure, voilà une explication.

— Oh! dit Chante-Lilas, et puis, comme la léttre a déjà été vingt-six jours en route, attendu qu'elle vient des colonies, quelques heures de plus ou de moins...

— Ne sont pas la mort d'un homme ; dit la comtesse du Battoir.

— Et puis même, en cas de mort d'homme, dit Chante-Lilas, puisque nous avons le docteur avec nous... Eh bien, il dort, le docteur ?

— Ah ! ma foi oui, dit Ludovic. Laisse-moi m'asseoir à tes pieds, princesse, et mettre ma tête sur tes genoux. Tu me sauveras la vie.

— Bon! dit la jeune fille, si j'avais su que c'était pour dormir qu'on emmenait monsieur, on l'aurait couché sur une voiture de légumes, et il aurait été aussi bien qu'ici.

— Ah! princesse, dit Ludovic à moitié endormi, tu ne te rends pas justice ; il n'y a pas de chou aussi dur, il n'y a pas de salade aussi tendre que toi.

— Mon Dieu! dit Chante-Lilas avec un accent de profonde commisération, qu'un homme d'esprit est bête, quand il a envie de dormir!

Cinq heures du matin sonnaient comme on arrivait à Bellevue : peu à peu, les rires retentissants avaient cessé, les cris joyeux s'étaient éteints, le malaise et le froid, qui accompagnent le retour du matin, surtout en hiver, pesaient sur la mascarade à moitié endormie; chacun avait hâte de retrouver sa chambre, son feu, son lit.

La tapissière s'arrêta à la porte de la maison habitée par Colomban et par Carmélite. Nanette sauta en bas de la voiture, tira la clé de sa poche et entra.

— Bon! dit-elle en voyant par la porte du corridor restée ouverte, et donnant sur le jardin, la lumière qui brûlait dans le cabinet de Colomban, le jeune homme veille encore et va avoir sa lettre.

— Bonsoir, la compagnie! Et elle referma la porte.

Quelques grognements sourds répondirent de l'intérieur de la voiture, qui reprit sa course vers Vanves.

Mais, à peine avait-elle fait cinquante pas, que les cris : « A l'aide! au secours! monsieur Ludovic! monsieur Ludovic! » retentirent.

La voiture s'arrêta.

— Qu'y a-t-il? demanda Ludovic, réveillé en sursaut.

— Je n'en sais rien, dit Chante-Lilas, mais on vous appelle, et je crois reconnaître la voix de Nanette.

— Il sera arrivé quelque malheur !

Ludovic sauta en bas de la voiture, et vit en effet Nanette qui accourait tout effarée en criant :

— Au secours ! au secours !

IV

Les asphyxiés.

Il courut à elle.

— Oh! venez vite, monsieur Ludovic! venez vite, venez tous! ils sont morts!

— Qui morts? demanda Ludovic.

— Mademoiselle Carmélite et M. Colomban.

— Colomban! s'écria Ludovic; Colomban de Penhoël?

— Oui, M. Colomban de Penhoël et mademoiselle Carmélite Gervais. Mon Dieu! mon Dieu! quel malheur! si jeunes, si beaux, si gentils!

Ludovic s'élança à l'instant même dans la direction de la maison, et, trouvant l'allée ouverte, ne fit qu'un bond de la rue au pavillon.

La fenêtre du cabinet, ouverte par Colombau, mal refermée par lui, avait été rouverte par Nanette, qui, après avoir appelé vainement, s'était hasardée à enjamber par la fenêtre pour aller frapper à la porte de la chambre.

Voyant qu'on ne répondait pas, elle avait ouvert la porte ; mais à l'instant même elle avait fait trois pas en arrière, et était presque tombée à la renverse.

Une effroyable bouffée d'acide carbonique l'avait enveloppée comme d'un nuage mortel.

Aussitôt elle avait tout compris, et, pensant qu'elle rejoindrait facilement la voiture, elle s'était élancée à sa poursuite.

Ses cris avaient été entendus, la voiture s'était arrêtée, Ludovic s'était élancé dans le pavillon par la fenêtre du cabinet, avait essayé d'entrer dans la chambre, mais avait été repoussé par la vapeur empestée.

Il se retourna du côté de l'air et l'aspira à pleins poumons.

En ce moment tout le monde accourait.

— Brisez les fenêtres! brisez les portes! cria Ludovic; des courants d'air! ils se sont asphyxiés!

On essaya d'ouvrir les volets ; ils étaient fermés en dedans.

De deux ou trois coups de pied, on enfonça la porte.

Mais ceux qui se présentaient sur le seuil furent contraints de reculer.

— Que l'on tienne du vinaigre et de l'eau salée tout prêts, qu'on réveille le pharmacien, s'il y en a un dans le village, qu'on prenne chez lui des sels anglais et de l'ammoniaque! Nanette, allumez du feu quelque part et faites chauffer des serviettes, cria Ludovic.

Puis, comme le mineur descend dans le gouffre, comme le matelot plonge dans la mer, Ludovic s'élança dans la chambre.

Le joyeux masque avait fait place à l'homme de science; le médecin allait user de toutes les ressources de son art.

Ludovic gagna à tâtons la fenêtre : la bougie s'était éteinte, le feu de la cheminée s'était éteint, le réchaud n'avait plus ni flamme ni fumée.

Les rideaux pendaient devant la fenêtre, et empêchaient de trouver l'espagnolette; Ludovic enveloppa la main de son mouchoir, et de deux coups de poings, brisa deux carreaux.

Un courant d'air commença à s'établir, il était temps, lui-même chancelait; il se retint au piano.

Puis, il saisit les rideaux à pleines mains, les arracha de leurs tringles, et parvint à ouvrir la fenêtre.

L'acide carbonique, formé par l'oxigène et le charbon, commençait à faire place à l'air respirable qui entrait maintenant par trois ouvertures.

— Entrez, dit Ludovic, il n'y a plus de danger : entrez, et éclairez la chambre.

On alluma la seconde bougie, et chaque objet devint visible.

Les deux jeunes gens étaient couchés dans les bras l'un de l'autre sur le lit, comme s'ils venaient de s'endormir.

— Y a-t-il ici un médecin, demanda Ludovic : un frater, un barbier, peu importe : un homme qui puisse m'aider, enfin ?

— Il y a M. Pilloy, un ancien chirurgien de la garde, un homme bien savant, dit une voix.

— Courez chercher M. Pilloy, dit Ludovic; carillonnez jusqu'à ce qu'il se lève, tirez-le jusqu'à ce qu'il vienne.

Puis, s'élançant vers le lit.

— Oh! dit-il en secouant la tête, je crois bien que nous arrivons trop tard.

En effet, les lèvres des jeunes gens étaient noirâtres.

Ludovic souleva les paupières.

L'œil de Colomban était tuméfié, vitreux.

L'œil de Carmélite, terne et injecté.

Aucun souffle ne vivait, ni dans l'un, ni dans l'autre.

— Trop tard! trop tard! répétait Ludovic désespéré. N'importe, faisons toujours ce qu'il y a à faire.

Puis, s'adressant aux assistants stupéfaits.

— Mesdames, chargez-vous de la jeune fille, dit Ludovic ; je me charge de l'homme.

— Que faut-il faire? dit Chante-Lilas.

— Exécuter de ton mieux ce que je te dirai, ma chère enfant. D'abord, porter la jeune fille à la fenêtre.

— Venez, dit Chante-Lilas à ses amies.

— Et nous? dirent les hommes.

— Tâchez de rallumer le feu, un grand feu de bois; chauffez des serviettes, tirez les bottes de Colomban, j'essaierai de le saigner à la veine du pied. Ah! trop tard! trop tard!

Ludovic jetait ce cri de désespoir en transportant Colomban du lit à la fenêtre.

— Voilà du vinaigre, voilà de l'eau salée, dit Nanette.

— Versez le vinaigre dans une assiette, qu'on puisse tremper des mouchoirs dedans, et en frotter les tempes des asphyxiés; tu entends, Chante-Lilas?

— Oui, oui, dit la jeune fille.

— Coupez une plume, comme je le fais, voyez; écartez les dents, si vous pouvez, et insufflez-lui de l'air dans les poumons.

On obéissait à Ludovic, comme dans une bataille, on obéit à un général d'armée.

Carmélite avait les dents serrées, mais, à l'aide d'un couteau d'ivoire, Chante-Lilas parvint à lui écarter les mâchoires, et à introduire la plume entre les dents.

— Eh bien ? demanda Ludovic.

— La plume y est.

— Souffle alors ; moi, je ne puis en venir à bout, il a des dents de fer. Lui avez vous ôté ses bottes et son bas ?

— Oui.

— Frottez les tempes avec du vinaigre,

jetez-lui de l'eau fraîche au visage, écartez-lui les dents, dussiez-vous les briser ; je vais essayer de le saigner au pied.

Ludovic ouvrit sa trousse, en tira sa lancette, piqua deux fois la veine du pied, mais inutilement.

Le sang ne vint pas.

— Otez-lui sa cravate, arrachez le gilet, arrachez la chemise, arrachez tout.

—Voilà des serviettes brûlantes, dit une voix.

— Donnez-en à Chanté-Lilas, et frottez

la poitrine de Colomban avec les serviettes;
tu entends, Chante-Lilas, fais en autant.
Ah! voilà un couteau.

Ludovic parvint à introduire un couteau
entre les deux mâchoires de Colomban ;
alors, renonçant à l'espoir d'introduire
un tuyau de plume dans un si petite espace, il appliqua ses lèvres aux lèvres du
jeune homme, et essaya d'insuffler de l'air
dans ses poumons.

La gorge était serrée, l'air ne dépassait
pas le pharynx.

— Trop tard! trop tard! murmurait
Ludovic; voyons, essayons de la jugulaire.

Il reprit sa lancette, et, avec une admirable sûreté de main, il troua la veine du cou.

Mais, pas plus qu'au pied, le sang ne vint.

Voilà des sels et de l'alcali, dit un des messagers en présentant deux flacons à Ludovic.

— Tiens, Chante-Lilas, dit Ludovic, prends le flacon de sels, et mets-le sous le nez de la jeune fille ; je garde l'alcali pour moi.

— Bien, dit Chante-Lilas en étendant la main.

— Et l'air? demanda Ludovic.

— Comment, l'air?

— Crois-tu qu'il a pénétré jusque dans la poitrine?

— Il me semble que oui.

— Alors, bon courage, mon enfant! bon courage : frotte les tempes avec du vinaigre, et faites-lui respirer des sels.

Lui, pendant ce temps, trempait un

linge dans de l'eau alcaline, et en enveloppait la tête de Colomban.

Mais Colomban restait immobile; aucun souffle ne sortait de sa poitrine, ni ne pouvait y pénétrer.

— Oh! dit Chante-Lilas, il me semble que ses lèvres pâlissent.

— Courage ! courage ! Chante-Lilas, c'est bon signe. Oh! ma chère enfant, regarde, quel bonheur dans ta vie, si tu pouvais te dire que tu as sauvé une femme !

— Il me semble qu'elle a soupiré, dit Chante-Lilas.

— Soulève la paupière, et regarde l'œil est-il toujours aussi terne ?

— Oh ! monsieur Ludovic, il me semble qu'il l'est moins.

— M. Pilloy n'est pas chez lui, dit, en rentrant, le messager qu'on avait envoyé chez le chirurgien-major.

— Où est-il ? demanda Ludovic.

— Chez M. Gérard, qui est bien mal.

— Où demeure-t-il, M. Gérard ?

— A Vanves; faut-il l'aller chercher?

— Inutile, c'est trop loin.

— Oh! c'est qu'il est bien mal aussi, ce pauvre M. Gérard, dit une voix.

— Monsieur Ludovic! monsieur Ludovic, elle respire, cria Chante-Lilas.

— En es-tu sûre, ma fille?

—Je lui frottais la poitrine avec une serviette chaude, j'ai senti sa poitrine se soulever. Monsieur Ludovic, elle porte la main à sa tête.

— Allons, allons, dit Ludovic, sur deux, nous en sauverons un au moins. Emportez-la vite hors d'ici, afin qu'en rouvrant les yeux, elle ne voie pas son amant mort.

— Dans sa chambre! dans sa chambre! dit Nanette.

— Oui, dans sa chambre; vous ouvrirez toutes les fenêtres, et vous y ferez grand feu. Allez! allez!

Les femmes emportèrent Carmélite.

Le jour commençait à paraître.

— Tu sais ce qu'il y a à faire, Chante-

Lilas? cria Ludovic au groupe de jeunes filles qui emportaient Carmélite.

— Non, dites.

— Ce que tu as fait jusqu'ici, pas autre chose.

— Mais si elle demande ce qu'est devenu son amant?

— Il est probable qu'elle ne parlera que dans une heure, et qu'elle ne reprendra sa raison que dans deux ou trois.

— Et alors?

— Alors, ou Colomban, ou moi, serons près d'elle.

Puis, revenant à Colomban.

— Trop tard! trop tard! murmura-t-il; pauvre Colomban! ou plutôt, pauvre Carmélite!

Et il revint vers le jeune homme, avec ce sublime entêtement du médecin, qui poursuit la vie jusque dans les bras de la mort.

V

Autour du lit de Carmélite et près du lit de Colomban.

A neuf heures du matin, la voiture qui contenait Jean Robert, M. Jackal et Salvator, s'arrêta à la porte de la maison où s'étaient passés les terribles événements que nous venons de raconter.

Trois voitures stationnaient déjà à la porte ; un fiacre, une petite calèche bourgeoise, une grande voiture armoriée.

— Elles y sont toutes trois, murmura Salvator.

M. Jackal échangea tout bas quelques paroles avec un homme habillé de noir qui se tenait à la porte.

L'homme noir monta sur un cheval attaché à la porte d'un cabaret à quelques pas de là, et partit.

— Je m'occupe de votre maître d'école, dit M. Jackal à Salvator et à Jean Robert.

Salvator répondit par un muet remercîment de tête et entra dans l'allée.

A peine y eut-il fait trois pas, qu'un chien couché sur le palier du premier, bondit à travers les degrés, et vint poser ses deux pattes sur ses épaules.

— Oui, mon chien, oui, Roland, oui, elle est là, je le sais. Voyons, montre-nous le chemin, Roland.

Le chien monta le premier, et s'arrêta devant la porte de la chambre de Carmélite.

M. Jackal, en homme qui a le droit d'entrer partout, ouvrit la porte et entra le premier.

Alors un tableau d'une profonde poésie s'offrit aux regards de l'homme de la police et des deux jeunes gens.

Qu'on se figure, en effet, autour du lit où Carmélite, encore engourdie, mais hors de danger, était étendue, trois jeunes filles agenouillées et priant.

Ces trois jeunes filles égales en âge, égales en beauté, et vêtues toutes trois comme Carmélite était vêtue elle-même, c'est-à-dire d'un costume particulier qui trouve naturellement ici sa description.

Ce costume était celui des-pensionnaires de Saint-Denis.

Ce costume se composait d'une robe de fine serge noire, à grande jupe étoffée, à corsage montant, sur lequel était rabattu un col blanc plissé; les manches des robes étaient larges et tombantes comme les manches des religieuses; un large ruban de laine, tournant autour des deux épaules, venait ceindre la taille, formant derrière le dos un angle dont la base était à la ceinture et le sommet aux épaules; cette ceinture, large comme la main, était tissée de laine de six couleurs différentes, verte, violette, aurore, bleue, blanche et nacarat. C'était enfin un costume semi-mondain, semi-religieux; une femme du monde n'eût point mis dans son costume une si rigoureuse rigidité ; une religieuse n'eût point porté cette ceinture éclatante, réflétant toutes les couleurs de l'arc-en-ciel.

C'était enfin, nous l'avons déjà dit, le costume des pensionnaires de Saint-Denis, quand elles entrent dans ce qu'on appelle la classe de perfectionnement.

Jean Robert, du premier coup d'œil, reconnut Fragola, et il regarda Salvator pour la lui désigner ; quant à Salvator, non-seulement il l'avait déjà vue, mais avait déjà été vu par elle.

Il posa son doigt sur sa bouche, recommandant ainsi le silence à Jean Robert.

Tout à coup, les deux amis reculèrent épouvantés, il leur avait semblé que le corps faisait un mouvement.

Ils ignoraient que Carmélite avait été sauvée par Ludovic.

— Ah! ah! dit M. Jackal, avec cette indifférence des gens habitués à de pareils spectacles, elle n'est donc pas morte?

— Non, monsieur, répondit la plus grande des jeunes filles ; celle qui, par la taille et même par la beauté, semblait commander aux autres.

Jean Robert se retourna ; le timbre de cette voix n'était point inconnu au jeune homme.

Il reconnut mademoiselle Régina de la Mote-Houdon.

— Mais le jeune homme? demanda M. Jackal.

— On espère encore, répondit Régina ; il y a près de lui un jeune médecin, et tant qu'il n'aura point reparu, rien ne sera perdu complètement.

En ce moment la porte s'ouvrit, et, au

grand étonnement de Jean Robert et de Salvator, Ludovic entra.

Il avait jeté de côté toute sa défroque de carnaval, et avait, par un homme à cheval, envoyé prendre chez lui un habillement complet.

— Eh bien? dirent toutes les voix.

Ludovic secoua la tête.

— Le prêtre est près de lui, dit-il; quant à moi, je n'ai plus rien à y faire.

Puis, comme on lui montrait Carmélite toujours muette, et dont les yeux, lorsqu'ils s'ouvraient, semblaient ne pas voir:

— Oh! pauvre enfant, dit Ludovic,

laissez-la dans son ignorance, elle ne reviendra que trop tôt à la vie.

— Messieurs, dit M. Jackal en s'adressant à Salvator et à Jean Robert, nous ne sommes ici que par accident ; je crois donc qu'il serait bon de laisser la malade avec ses amies et le médecin, de faire au plus vite le procès-verbal et de partir pour Versailles.

Jean Robert et Salvator s'inclinèrent en signe d'adhésion.

Fragola se leva, vint dire quelques mots à l'oreille de Salvator qui répondit par un signe de consentement.

Après quoi, les deux jeunes gens sortirent comme ils étaient entrés, précédés de M. Jackal.

Tout était préparé dans la pièce du bas pour écrire le récit de l'événement.

La porte du corridor était ouverte, et, à travers les vitres des fenêtres, dont deux au reste étaient brisées, on voyait briller les cierges.

— Voulez-vous venir jeter quelques gouttes d'eau bénite et faire une prière sur ce pauvre corps? dit Salvator au poète.

Jean Robert fit un signe affirmatif, et

tandis que M. Jackal, pour se donner des idées, se bourrait le nez de tabac, tous deux s'acheminèrent vers le pavillon.

Colomban était couché sur son lit; le drap jeté sur sa tête accusait, à travers ses plis, cette forme rigide que la main de la mort donne au cadavre.

Un beau moine dominicain, assis au chevet du lit, son livre ouvert sur ses genoux, mais la tête renversée, et laissant tomber de ses yeux des larmes silencieuses, disait les prières des morts.

En voyant les deux jeunes gens qui entraient la tête nue et basse, le moine se leva.

Son regard se porta tour à tour sur Jean Robert et sur Salvator, mais il était évident que les deux visages lui était inconnus.

L'impression que produisit la vue du moine sur Salvator fut toute différente.

En apercevant le beau dominicain, le jeune homme s'arrêta et laissa presque échapper un cri de joie, tempéré cependant par le respect.

A ce cri, le moine se retourna, mais le

second regard jeté par lui sur Salvator ne lui apprit rien de plus que le premier, et, sauf ce mouvement naturel d'étonnement qui n'eut que la durée d'un éclair, il resta impassible.

Mais Salvator s'avança vers lui.

— Mon père, lui dit-il, sans vous en douter, vous avez sauvé la vie à l'homme qui est devant vous, et cet homme, qui ne vous a jamais vu, qui ne vous a jamais rencontré depuis, vous a voué une profonde reconnaissance. — Votre main, mon père.

Le moine tendit la main au jeune homme, qui, malgré les efforts que fit

Dominique pour la retirer, baisa respectueusement cette main.

— Maintenant, dit Salvator, écoutez-moi, mon père; je ne sais pas si vous aurez besoin de moi, mais, sur la chose la plus sainte qui ait jamais existé, le corps d'un homme d'honneur qui vient de rendre le dernier soupir, je vous jure que la vie que je vous dois est à vous !

— J'accepte, monsieur, répondit gravement le moine, quoique j'ignore quand et comment j'ai pu vous rendre le service que vous dites; les hommes sont frères, et mis dans ce monde pour s'entr'aider ; quand j'aurai besoin de vous, j'irai à vous. Votre nom et votre adresse ?

Salvator alla au bureau de Colomban, écrivit son nom et son adresse sur un papier qu'il présenta au moine.

Le dominicain mit le papier tout plié dans son livre d'heures, se rassit au chevet de Colomban, et continua ses prières.

Les deux jeunes gens, tour à tour, prirent le rameau de buis trempé d'eau dans le vase de cuivre, et en aspergèrent le drap qui recouvrait le cadavre de Colomban.

Puis tous deux, s'agenouillant au pied du lit, firent mentalement une fervente prière.

Pendant qu'ils priaient, un homme, vêtu d'une livrée qui indiquait qu'il était domestique dans une riche maison bourgeoise, entra.

— Monsieur, dit-il au moine, je crois que c'est vous que je cherche.

— Que me voulez-vous, mon ami? demanda Dominique.

— Mon maître se meurt, monsieur, et comme le curé de Vanves est absent, il vous fait prier en grâce de venir entendre sa confession.

— Mais, dit le moine, je suis étranger à

la commune : ce jeune homme près de qui je dis des prières était mon ami, et c'est sur la lettre qu'il m'a écrite et qui malheureusement est arrivée trop tard, que je suis venu.

— Monsieur, dit le domestique, je crois que cette qualité d'étranger est justement ce qui fait désirer à mon maître que vous veniez l'assister ; il est bien mal, il est très mal, et M. Pilloy, le chirurgien-major, interrogé par lui, lui a répondu que s'il voulait prendre ses précautions, il n'avait pas de temps à perdre.

Le moine poussa un soupir et regarda

le cadavre immobile, dont la forme transparaissait à travers le drap.

— Monsieur, continua le domestique, mon maître m'a dit de vous adjurer au nom de Dieu, dont vous êtes ministre, de venir auprès de lui sans perdre un seul instant.

— J'aurais cependant bien voulu ne pas quitter ce pauvre corps, dit le moine.

— Mon père, dit Salvator, il me semble que vous devez vos consolations aux vivants, avant de devoir vos prières aux morts.

— Puis, dit Jean Robert, si vous désirez que quelqu'un de pieux et de sympathique au grand malheur qui vous arrive, reste ici, me voilà.

— Monsieur, insista le domestique, que dirai-je à mon maître?

— Dites-lui que je vous suis, mon ami.

— Oh! merci.

— Qui demanderai-je?

— M. Gérard.

— Sa rue, son numéro?

— Oh ! monsieur, la première personne à qui vous vous informerez, vous montrera la maison ; mon pauvre maître est la providence du pays.

— Allez, dit le moine.

Le domestique sortit vivement.

— Vous m'avez promis de rester ici jusqu'à mon retour, monsieur ? demanda Dominique à Jean Robert.

— Vous me retrouverez où vous m'aurez quitté, mon père, dit le poète — au pied de ce lit.

— Et si vous aviez quelque recommandation particulière à me faire, dit Salvator, je tâcherais de vous suppléer de mon mieux.

— J'accepte votre offre, monsieur, vous savez que vous m'avez dit que je pouvais disposer de vous.

— Faites.

— Colomban m'a chargé de veiller à ce que son corps soit déposé près du corps de celle qu'il aimait ; la Providence a permis qu'il n'y ait qu'un cadavre au lieu de deux, je ne puis donc remplir le vœu de mon ami. Il y a plus, ce cadavre doit être soustrait le plus tôt possible aux yeux de la pauvre Carmélite ; j'ai donc décidé qu'aujourd'hui à quatre heures, je partirais pour la Bretagne ; il y a un père là-bas, il a droit au corps de son fils et à mes consolations.

— A quatre heures, au bout du village, mon père ; le cadavre, enfermé dans un cercueil de chêne, vous attendra, toutes formalités remplies, dans une voiture de poste ; vous n'aurez qu'à prendre votre place près de lui et partir.

— Je suis pauvre, dit le moine, et n'ai sur moi qu'une somme à peine suffisante à mon voyage personnel, comment pourrai-je...

— Ne vous inquiétez pas, mon père, interrompit Salvator, les frais du voyage seront payés au retour.

Le moine s'approcha du lit, souleva le drap, baisa Colomban au front et sortit.

Cinq minutes après, M. Jackal entra.

Il s'approcha des deux jeunes gens, s'arc-bouta sur ses jambes écartées, se balança un instant, les mains dans ses poches; puis, s'adressant plus particulièrement à Jean Robert :

— Vous êtes poète? dit-il au jeune homme.

— C'est-à-dire qu'on prétend que je le suis.

— Et, en votre qualité de poète, répéta l'homme de police, vous croyez à la Providence ?

— Oui, monsieur, j'ai le courage d'avouer cela.

— Il vous en faut, en effet, dit M. Jackal en tirant sa tabatière de sa poche et en aspirant avec rage deux ou trois pincées de tabac.

— A quel propos me dites-vous cela ?

— Tenez, à propos de cette lettre.

Et il tira une lettre de sa poche, qu'il montra à Jean Robert, mais sans la lui donner.

— Qu'est-ce que cette lettre ? demanda Jean Robert.

— C'est une lettre qui est arrivée hier soir, dit M. Jackal, sur laquelle on a eu le soin d'écrire les deux mots *très pressée*, que le facteur a remise au bout du village à la jardinière Nanette, que la jardinière

Nanette a emportée à Paris dans sa poche, et qui, si elle eût été remise hier soir à ceux à qui elle était adressée, eût fait deux heureux, au lieu de faire un mort et une désespérée.

— Lisez.

Et il donna la lettre à Jean Robert.

Celui-ci la déplia et lut :

« Mon cher Colomban, ma chère Carmélite,

» N'est-ce pas que vous serez bien heureux, bien contents, lorsque vous verrez arriver cette lettre de votre bon ami Camille Rozan, au lieu de le voir arriver lui-même?

» Je vous entends d'ici crier : « Oh! ce bon, ce cher Camille! »

» Écoutez, mes bien chers, voilà ce que m'écrit un de mes compatriotes, à qui j'avais, dans le temps, parlé de mon mariage avec vous, Carmélite :

« Mon cher Rozan, tes deux amis vivent
» comme deux tourtereaux sans se quit-
» ter d'un seul instant; non-seulement
» ils s'aiment, mais, je dirai plus, ils
» s'adorent.

» Je crois que tu les troublerais fort
» en revenant.

» Montre-toi donc grand comme Alexan-
» dre, qui cédait à Apelles sa maîtresse
» Campaspe.

» Je ne te dirai pas : Cède à Colomban
» ta maîtresse Carmélite ; mais je te dirai :
» Ne désunis pas deux cœurs que le ciel
» a créés l'un pour l'autre. »

» Voilà ce que m'écrit mon compatriote,
mon cher Colomban.

» Or, il y a une chose que je savais

déjà, mon ami, c'est que tu aimais Carmélite.

» Il y a une chose que je sais maintenant, c'est que Carmélite t'aime.

» Puis, enfin, il y en a une troisième, que tu m'as dite et que je crois, c'est que tu mourrais plutôt que de trahir le serment que tu m'as fait, de veiller sur Carmélite comme sur une sœur.

» Or, je ne veux pas que tu meures, mon pauvre Colomban, et voilà pourquoi je te rends ta parole, ainsi que celle de Carmélite.

» Sois donc heureux, Colomban, et si ton sacrifice t'a pesé, reçois-en la plus grande récompense que je puisse t'offrir, car c'est au moment de me séparer à jamais d'elle, que je sens tout l'amour que j'avais encore pour Carmélite.

» Aussi, comme j'ai résolu d'éteindre cet amour, et de mettre entre mon cœur et le sien une barrière infranchissable, je me suis marié hier soir, et c'est de la chambre nuptiale que je vous écris ce matin.

» Adieu donc, mon cher Colomban; adieu donc, ma chère Carmélite, je vous souhaite tout le bonheur que vous méritez, avouant en toute humilité ma faiblesse, je dirais presque ma lâcheté, si je n'étais sûr que cette nouvelle va vous combler de joie tous les deux, et surtout Carmélite.

» Votre ami,

» Camille Rozan. »

— Eh bien, demanda M. Jackal en reprenant la lettre, que dites-vous de cela, monsieur Jean Robert ?

— Je dis que c'est navrant, répondit le jeune homme.

— Et croyez-vous toujours à la Providence ?

— J'y crois.

— La Providence, monsieur Jean Robert, dit maître Jackal en bourrant son nez de tabac, voulez-vous que je vous dise ce que c'est?

— Vous me ferez plaisir, attendu que j'y crois de confiance.

— Eh bien, la Providence, c'est une police bien faite. Allons voir à Versailles si nous retrouverons la fiancée du maître d'école.

Et maintenant, si nos lecteurs nous faisaient par hasard, tout haut, la question que Jean Robert adressa tout bas à Salvator, au moment où, fidèle à sa promesse, il laissait le commissionnaire de la rue aux Fers et l'homme de la rue de Jérusalem partir pour Versailles, et restait, lui, près du corps de Colomban ; si donc, par hasard, le lecteur nous demandait :

Comment M. Jackal pouvait, à sept heures et demie du matin, être informé des événements arrivés au Bas-Meudon, de minuit à cinq heures du matin ?

Nous répondrions ceci :

Il existait, à cette époque, une spirituelle institution qu'on appelait le *cabinet noir*.

Ce cabinet noir était un endroit où douze ou quinze employés étaient occupés jour et nuit à prendre la peine de lire les lettres avant les personnes à qui elles étaient adressées.

M. Jackal, en vertu des bruits qui couraient d'une triple conspiration, républicaine, orléaniste et napoléonienne, M. Jackal ne dédaignait donc point, depuis un mois ou deux, de faire, dans ses moments perdus, la besogne d'un simple employé.

M. Jackal avait, en conséquence, passé

la nuit à décacheter et à lire des lettres.

La lettre de Colomban à Dominique lui était tombée sous la main.

Il était à peu près quatre heures et demie du matin.

M. Jackal avait aussitôt fait monter un homme à cheval, et lui avait ordonné de courir ventre à terre au Bas-Meudon.

M. Jackal qui prétendait que la Providence, c'était une bonne police, M. Jackal espérait que son homme arriverait à temps.

Son homme arriva un instant après

qu'on avait pénétré dans le pavillon de Colomban, et, par conséquent, arriva trop tard.

Au milieu du tumulte, on ne fit pas attention à lui.

Il vit une lettre adressée à mademoiselle Régina de la Mothe-Houdon, à madame Lydie de Marande, et à mademoiselle Fragola Ponroy.

Il prit la lettre et la rapporta à M. Jackal.

M. Jackal la lut, comme il avait lu la lettre adressée à Dominique.

Puis il ordonna à son homme de prendre un cheval frais, et de reporter la lettre à la place où il l'avait prise.

C'est ce que venait de faire le messager de M. Jackal, quand les deux jeunes gens virent celui-ci parler à un homme vêtu de noir, dont le cheval était attaché à la porte d'un cabaret.

Ce que lui disait tout bas M. Jackal, c'est qu'il pouvait aller se coucher ; et qu'il ferait un rapport au préfet de police sur sa promptitude et son intelligence.

VI

Un philanthrope de village.

Nous avons vu partir frère Dominique qui, appelé près du lit de M. Gérard, venait de se mettre à la recherche du digne homme dont l'état désespéré jetait tant de trouble dans le village et ses environs.

C'est que M. Gérard était un philanthrope dans toute la force du terme.

Donnons quelques détails sur M. Gérard, c'est-à-dire, disons ce que l'on en disait.

M. Gérard était le plus riche habitant de Vanves et des environs, c'était chose incontestable ; nul ne connaissait le chiffre de son revenu, tant ce revenu était incalculable, et quand on interrogeait un paysan à ce sujet, il répondait invariablement :

— M. Gérard?

— Oui, M. Gérard.

— Vous me demandez s'il est riche ?

— Je vous le demande.

— M. Gérard a tant d'argent, qu'il n'en sait pas le compte.

Il habitait, disait-on, du côté de Fontainebleau, une magnifique propriété qu'il laissait tomber en ruines, à cause des malheurs qui l'y avaient frappé. Tuteur de deux enfants charmants, un jour, ces deux enfans avaient disparu, sans qu'on eût pu jamais en avoir aucune nouvelle ; mari d'une femme qu'il adorait, il avait trouvé, en rentrant chez lui, sa femme étranglée par un chien de Terre-Neuve, qui, sans doute, était devenu enragé sans qu'on s'en aperçut.

Cette suite d'effroyables malheurs qui, à tout autre homme que lui, eût fait prendre en horreur l'espèce humaine, n'avait eu d'autres résultats que d'exalter ses vertus de chrétien qu'il portait jusqu'au sublime de la charité et du dévoûment, et qui le rendaient l'exemple des philanthropes et l'idole de la population.

C'était vers l'année 1821 ou 1822, qu'il était venu à Vanves avec l'intention de s'y fixer. Il avait visité plusieurs maisons à vendre sans en trouver une qui lui convint ; enfin, il s'était arrêté à celle qu'il habitait. D'abord, le propriétaire avait refusé de s'en défaire, mais M. Gérard lui en avait offert un prix si avantageux, que, quoiqu'il l'eût fait bâtir pour lui-même, il avait consenti à la lui céder.

Depuis ce temps, M. Gérard habitait cette maison, dans laquelle il vivait à la fois comme un saint et comme un prince ; comme un saint, à cause de la conduite régulière qu'il menait ; comme un prince, à cause des aumônes qu'il faisait.

Depuis son arrivée, en effet, Vanves était devenu un des plus riches hameaux des environs de Paris. De pauvres et besoigneux qu'ils étaient, peu à peu les habi-

tants avaient passé à l'aisance. Quelques-
uns même passaient pour riches, et cette
richesse relative, bien entendu, et qui
probablement, chez les plus riches, n'at-
teignait pas la médiocrité doré d'Horace,
était due à M. Gérard.

Il en résultait qu'il n'y avait pas une
chaumière où le nom de M. Gérard ne fût
ou révéré ou béni ; jamais on n'eût parler
de lui sans ajouter à son nom quelque épi-
thète caractéristique : c'était le bon, l'excellent, l'honnête, le vertueux, le bienfai-
sant M. Gérard.

Que la récolte fût mauvaise, que le défaut de soleil eût empêché le blé de mûrir,

que l'excès de la chaleur eût desséché le blé dans l'épi, que la grêle eût versé les seigles et les avoines, que les pluies du printemps eussent dévasté les semailles, et qu'un paysan désolé, appuyé au manche de sa faux inutile ou de sa bêche oisive, regardât désespéré son champ, seule fortune de sa femme et de ses enfants, dévasté, et que M. Gérard passât sur son cheval ou dans son cabriolet, aussitôt M. Gérard mettait pied à terre, allait au paysan, causait familièrement avec lui, le plaignait, le consolait, l'encourageait, et appuyait ses plaintes, ses encouragements, ses consolations d'un prêt d'argent plus ou moins considérable, toujours non pas selon les garanties que le paysan pouvait donner, mais selon besoin qu'il éprouvait, et cela sans intérêts aucuns; à quelques-uns même dont la réputation était bonne, il avait prêté, disait-on, sans demander le reçu.

On citait de lui des traits comme ceux-ci, par exemple :

Un charpentier, qui travaillait à la toiture de sa maison, était tombé du haut en bas d'un échafaudage, et s'était cassé la jambe. Au lieu de le faire porter à l'hôpital, comme l'année précédente avait, dans un pareil cas, fait le maire de Vanves, qui cependant passait pour un homme des plus charitables, il avait recueilli dans sa maison, non-seulement le charpentier blessé, mais encore sa femme et ses enfants ; puis appelant le chirurgien de Meudon, M. Pilloy, lui avait recommandé le pauvre diable, en lui disant qu'il le soignât de son mieux, et qu'il serait payé comme pour un prince.

La convalescence avait duré trois mois, et pendant ces trois mois, soigné comme s'il était un frère, nourri comme s'ils étaient de la famille, le charpentier, sa femme et ses enfants étaient restés chez M. Gérard, de la maison duquel ils n'étaient sortis, au bout de ce temps, qu'en emportant de nombreuses marques de sa bienfaisance.

Un pauvre cabaretier, père de cinq enfants, ayant perdu sa femme et sa fille aînée, était tombé dans une affreuse prostration, et malgré les conseils et les encouragements de ses voisins, il avait abandonné le soin de son commerce, négligé ses affaires les plus importantes et laissé sa maison tomber dans le discrédit. Un créancier, qui était loin d'avoir pour son prochain la même tendresse que M. Gérard, avait fait saisir les meubles du pauvre homme, et leur vente allait jeter dehors et réduire à la mendicité les quatre enfants restants. Alors seulement le cabaretier, en voyant toute l'étendue de son malheur, était, le jour de la vente, sorti de son anéantissement; alors, à la vue de l'huissier, à la mise à prix de ses premiers meubles, il s'était jeté au cou de ses enfants, leur demandant pardon de sa lâcheté, offrant sa vie à qui voudrait lui donner le moyen de reprendre son commerce et de faire honneur à ses affaires.

En ce moment M. Gérard passait par là.

Il se joignit au groupe, qui se composait moitié d'acheteurs, moitié de spectateurs; attiré par cette scène de désespoir, il appela le commissaire-priseur, lui demanda pour quelle somme ce pauvre mobilier allait être vendu, et le commissaire-priseur lui ayant répondu que c'était pour la somme de dix-huit cents francs, M. Gérard avait aussitôt tiré de sa poche trois billets de mille francs, sur lesquels dix-huit cents francs étaient destinés à payer la dette du cabaretier, et douze cents à l'aider à recommencer son commerce. Alors le malheureux père s'était jeté à ses pieds et avait couvert ses mains de larmes, aux acclamations et aux cris de reconnaissance de tous les assistants.

Un autre jour, une paysanne, en faisant du bois dans les taillis de Meudon, avait trouvé un petit garçon de six mois qui criait et pleurait, couché dans les feuilles mortes; la bûcheronne avait pris l'enfant dans ses bras, l'avait apporté à Vanves, l'avait montré aux habitants indignés, car l'élan de la foule, en voyant un enfant abandonné est toujours sublime.

Ce fut une malédiction générale qui dut retomber, comme une pluie de feu, sur la tête de la mère.

On porta le pauvre abandonné à la mairie, qui devrait être le domicile naturel, la maison paternelle de tout orphelin. Mais le maire répondit que la commune était pauvre, avait déjà trop d'enfants à sa charge, et que, quant à lui personnellement, ce n'était pas quand il se refusait la satisfaction d'en procréer à son image, qu'il s'amuserait à endosser un enfant fait à l'image d'un inconnu.

A cette réponse, il n'y eut dans la foule qu'un cri spontané et unanime : « Chez le bon M. Gérard! chez l'honnête M. Gérard! chez le vertueux M. Gérard! » et la foule se précipita vers la maison du philanthrophe, précédée par le cri: « Un enfant! un enfant! »

M. Gérard se promenait dans son jardin, lorsqu'il entendit ce cri; au rapprochement du bruit, il devina que cette foule, dont il entendait les clameurs, venait à lui ; mais, sans doute, ce cri, un enfant, un enfant, produisit-il sur ses nerfs une sensation douloureuse, car la foule le trouva assis sur un banc de son jardin, pâle et tremblant.

Cependant, quand il sut que c'était d'un

enfant de six mois qu'il était question, sa bonté ordinaire qui, un instant, avait fait place à un indicible sentiment de terreur, reparut ; il donna des ordres pour qu'on allât chercher une nourrice, fit prix avec elle pour la nourriture de l'orphelin, et déclara qu'on n'avait plus à s'occuper du soin de l'enfant, attendu que ce soin le regardait ; seulement, il désirait que l'enfant fut élevé loin de lui, la perte qu'il avait faite de deux pupilles chéris lui ayant laissé au cœur une plaie que la vue d'un enfant ferait incessamment saigner.

Et la nourrice avait emporté l'enfant, à l'existence duquel M. Gérard pourvoyait grandement.

Enfin, avec le simple récit des journées de M. Gérard cousues les unes aux autres, on eût pu faire une suite au livre intitulé la *Morale en action.*

Le pays entier eût dû lui élever une statue, car le pays entier lui devait quelque chose.

La commune lui devait une fontaine sur la place publique.

Les maraîchers, une route de traverse qu'ils réclamaient depuis vingt ans.

L'église, des vases sacrés et un tableau de maître.

Les villageois, trois ou quatre maisons incendiées, rebâties à ses frais plus la grande rue du village pavée à neuf.

Et tout cela, sans compter ce que les paysans lui devaient, comme particuliers ; témoins le charpentier, le cabaretier et vingt autres, auxquels il avait rendu des services analogues, dont les récits monotones, si édifiants qu'ils soient, deviendraient fatigants pour nos lecteurs, si nous n'avions pas la conscience de les leur épargner.

En un mot, M. Gérard était à la fois l'homme de bien selon l'Evangile et selon la société : il observait les commandements de Dieu et de l'Eglise avec une fidélité digne d'admiration ; le village l'adorait, et la reconnaissance qu'il témoignait pour son bienfaiteur avait quelque chose du dévoûment du chien pour son maître ; il en résultait qu'on faisait la garde autour de lui, comme autour d'un membre de la famille royale, et qu'un membre de la famille royale lui-même eût été mal venu à ne point partager la vénération de ces fanatiques villageois.

Aussi, l'abbé Dominique, que deux ou trois paysans, rencontrés sur la route accompagnaient vers Vanves, comprit-il, après ce que ceux-ci venaient de lui dire des vertus de M. Gérard, la consternation qui était peinte sur les visages des paysans inquiets, debouts sur le seuil de leurs portes, ou stationnant dans la rue, comme on fait dans les calamités publiques, pour être à portée des nouvelles.

En voyant cette désolation universelle, l'abbé Dominique demanda à l'un de ses guides quelle était la maladie qui conduisait M. Gérard au tombeau.

— C'est une fluxion de poitrine, répondit celui à qui il s'adressait.

— Oui, dit l'autre, et c'est encore une bonne action qui va causer la mort du pauvre cher homme.

Et alors, à l'envi l'un de l'autre, les deux paysans racontèrent à l'abbé Dominique, qu'il y avait quinze jours environ, en traversant le parc, M. Gérard avait été attiré par des cris qui partaient du grand bassin.

Deux ou trois enfants étaient sur le bord du bassin, appelant au secours, et n'osant aller à l'aide de leur petit camarade tombé à l'eau.

L'enfant s'était penché pour tirer un bateau en papier, trop loin du bord ; l'équilibre lui avait manqué, et l'on voyait, au bouillonnement de l'eau, l'endroit où il se débattait.

M. Gérard n'avait point hésité, et, quoique le front en sueur par une course rapide qu'il venait de faire, il s'était jeté à l'eau pour en retirer l'enfant; il l'avait, en effet, ramené sain et sauf sur le bord, mais lui, pâle, ruisselant d'eau, grelotant de la tête aux pieds, il était rentré chez lui ; et, quoiqu'il eût changé de vêtemeuts, quoiqu'il eût fait allumer un grand feu, quoiqu'il se fût couché immédiatement dans un lit bien bassiné, la fièvre l'avait pris le jour même et ne l'avait point quitté depuis.

Enfin, le matin, M. Pilloy avait dit qu'il ne répondait pas de son malade, et avait averti, avec toutes sortes de ménagements, le pauvre M. Gérard que s'il avait des dispositions à prendre, il avait peur qu'il n'en eût que le temps bien juste.

M. Gérard, qui probablement ne se croyait pas si malade s'était évanoui à cette terrible nouvelle, qui cependant, pour un saint homme comme lui, devait être moins effrayante que pour tout autre, et revenant à lui, il s'était écrié pour qu'on allât lui chercher un prêtre.

On avait couru chez le curé de Meudon ; mais, comme nous l'avons dit, le curé de Meudon était allé porter le viatique dans un village voisin.

C'est alors qu'on avait dit au moribond, qu'à défaut du curé de Meudon, il pouvait s'adresser à un prêtre que l'on croyait étranger, et qui était venu à Meudon, appelé par la mort d'un de ses amis qui s'était asphyxié.

C'est alors qu'il avait envoyé son valet de chambre chercher l'abbé Dominique, avec ordre d'insister jusqu'à ce que le prêtre consentît à venir.

On a vu comment le dominicain avait quitté le chevet du mort pour se rendre au chevet du mourant.

Au reste, le prêtre, cœur noble s'il en fut, apte à comprendre tous les dévoûments, avait été profondément touché au récit de toutes ces belles et bonnes actions qu'on venait de lui raconter; et il avait pressé le pas; et il arrivait la bouche remplie de paroles consolantes, les mains pleines de bénédictions.

On lui avait dit la vérité, en lui disant qu'il n'aurait pas besoin de chercher la maison. Quand les habitants de Vanves l'aperçurent, toutes les mains s'étendirent dans la direction de la maison de M. Gérard.

— Oh! monsieur l'abbé, murmurèrent les vieilles femmes, vous allez entendre une sainte confession; et vous pouvez bien lui donner l'absolution d'avance, à ce bon M. Gérard!

L'abbé Dominique salua toute cette foule chez laquelle il trouvait cette vertu si rare qu'on appelle la reconnaissance, entra dans la maison indiquée, dont la porte, comme celle d'une église, restait ouverte le jour et était tellement respectée, qu'elle eût pu rester ouverte même toute la nuit; et, montant vivement l'escalier qui conduisait à l'appartement de M. Gérard, il trouva sur la dernière marche le valet de chambre qui avait été le chercher au Bas-Meudon, et qui, tout courant, était venu annoncer à son maître la prochaine arrivée du suprême consolateur.

Mais cette nouvelle, qui eût calmé tout autre, avait au contraire paru redoubler l'agitation du saint homme, et dans l'attente de l'abbé Dominique, il poussait des gémissements, laissait échapper des soupirs qui effrayaient tellement le domestique, qu'au lieu de rester dans la chambre de son maître avec la garde-malade, assise, impassible, dans un grand et moelleux fauteuil, il était allé attendre le dominicain sur l'escalier.

Le prêtre entra dans la chambre.

VII

La confession.

— Monsieur, dit le valet de chambre, c'est la personne que vous attendez.

Le mourant fit un brusque mouvement, comme si à cette annonce il frissonnait par tout le corps, et laissa échapper un douloureux gémissement.

Puis, d'une voix sourde :

— Faites entrer, dit M. Gérard.

Frère Dominique entra, et son regard plongea plein d'intérêt, de respect même, au fond de l'alcôve.

Effectivement, le sentiment qu'il éprouvait pour celui qui le faisait appeler, était, d'après ce qu'il avait entendu, un sentiment d'admiration, mêlé de reconnaissance.

Si jeune qu'il fût, l'abbé Dominique avait vu tant d'hommes mauvais, qu'il était reconnaissant à un homme d'être bon.

Sur l'oreiller froissé par la veille fiévreuse du moribond, il aperçut alors la figure amaigrie, décolorée, cadavéreuse de celui que tout le pays appelait unanimement le bon M. Gérard.

Il tressaillit, tant cette figure était différente de celle qu'il s'attendait à voir.

M. Gérard, de son côté, le vit, avec son beau et sévère costume étranger à la France, comme une apparition de Zurbaran ou de Le Sueur, et le salua d'un mouvement de tête.

Puis, d'une voix languissante :

— Mon ami !

— Marianne ! dit-il en s'adressant à la garde-malade.

Marianne se leva sommeillante et alourdie, et, s'approchant de ce pas chancelant particulier aux somnambules.

— Comment vous trouvez-vous, mon cher monsieur ? demanda-t-elle,

— Mal, très mal, Marianne.

— Avez-vous besoin de quelque chose?

— Donnez-moi à boire, Marianne, et laissez-moi seul avec monsieur.

La garde-malade présenta à M. Gérard un verre de tisane, maintenue tiède par sa position au-dessus d'une veilleuse.

M. Gérard en but une partie, puis retomba sur l'oreiller, épuisé de l'effort qu'il avait fait, et rendant à la garde-malade la tasse d'une main tremblante.

Celle-ci reçut la tasse, et voyant qu'il

restait dans le vase les trois quarts de la liqueur :

— Buvez, cher monsieur, dit-elle en lui présentant le reste du breuvage avec un mouvement particulier à l'espèce, et qui fait de chaque veilleuse une espèce de bourreau chargé de donner à son malade la torture de l'eau chaude.

— Merci, Marianne, merci, dit M. Gérard en repoussant la main de la garde-malade. Je vous prie seulement de tirer les rideaux, et de nous laisser, le jour me fait mal.

La garde-malade tira les rideaux, qui,

moins la faible lueur répandue par la veilleuse, firent immédiatement l'obscurité dans la chambre.

— Pendant le court espace de temps qui venait de s'écouler, depuis son entrée dans la chambre jusqu'au moment où la fermeture des rideaux venait de lui dérober la vue du visage du malade, les yeux du jeune prêtre étaient restés fixés sur cette figure, qui était si loin, comme nous l'avons dit, de lui offrir la physionomie qu'il s'attendait à rencontrer.

Frère Dominique était particulièrement doué de cette investigation physionomique, particulière aux prêtres et aux médecins.

D'après ce qu'il avait entendu de M. Gérard, frère Dominique s'était imaginé d'avance un visage en harmonie avec les hautes qualités qu'il avait entendu vanter.

Il s'attendait, en conséquence, à voir un homme au front large, siége des instincts élevés, à l'œil franc et à fleur de tête, signe de bienveillance ; au nez droit, signe de fermeté ; aux lèvres un peu épaisses, signe d'amour du prochain.

Quant à l'âge, il ne l'avait pas demandé, et ne s'en inquiétait pas ; il lui semblait que les bons étaient beaux, et que chaque âge, même la vieillesse, ayant sa beauté, M. Gérard avait la beauté de son âge.

Or, à la vue de M. Gérard, tout avait été déception pour le prêtre; de là était venu ce tressaillement dont il n'avait pas été le maître, et cette fixité de regard, qui venait de graver dans l'esprit du confesseur jusqu'aux moindres traits de la figure du mourant.

Celui que frère Dominique avait sous les yeux était un homme de cinquante à cinquante-cinq ans, au front bas et étroit, quoique ce crâne, dépouillé sur le devant, eût dû, en apparence du moins, s'élargir de l'absence des cheveux; les yeux petits, enfoncés, d'un gris terne, disparaissaient de temps en temps sous des paupières cligonttantes et rougies, soit par l'insomnie présente, soit par d'anciens excès; les sourcils épais et grisonnants, du milieu desquels des poils droits et raides s'élançaient hors de toute proportion avec les autres, se joignaient dans la ligne du nez et formaient, au-dessus de l'œil, une arcade d'une courbe exagérée. Le nez était recourbé, mince, tranchant, la bouche grande avec des lèvres plates et pâles, collées pour ainsi dire sur les dents; ensemble qui donnait à ce visage au front fuyant une grande ressemblance avec une tête de vautour, bien plus qu'avec une figure humaine.

Quelque changement, quelque décomposition même que la maladie eût apportés dans le visage du malade, il était facile de le recomposer; et même en le recomposant et en lui donnant l'expression de la santé, un physionomiste tel que l'abbé Dominique devait être frappé tout d'abord de la bassesse d'âme et de la lâcheté de cœur que dévoilait l'ensemble de cette figure.

Ce qui dominait surtout dans cette physionomie, c'était, derrière une certaine férocité vulgaire, comme celle de l'animal auquel nous avons dit que M. Gérard ressemblait, c'était, disons-nous, une misérable docilité, une bizarre condescendance aux volontés d'un être, quel qu'il fût, pourvu qu'au moral ou au physique cet être lui fût supérieur ; une sorte de disposition naturelle à subir l'esclavage, sous quelque forme qu'il se présentât. On sentait qu'il suffisait, à moins que ses instincts animaux et égoïstes fussent visiblement en jeu, d'étendre la main au-dessus du front de cet homme, pour lui faire courber la tête.

Il n'était certainement pas plus laid qu'un autre, mais sa laideur lui était particulière, entièrement propre, *sui generis*, si l'on peut dire. Elle exprimait en ce moment la terreur de la façon la plus repoussante.

La vue d'un mourant est d'ordinaire touchante à plus d'un titre, et par le fil d'or de la pensée, elle mène droit à Dieu. Eh bien, la vue de cet homme, quoiqu'on le sentît proche de l'agonie, voisin de la tombe, la vue de cet homme, au lieu d'exciter l'intérêt, n'éveillait qu'un invincible dégoût. Si c'était là un homme de bien, comme le proclamait la voix publique, c'était à désespérer de tout; car, si Dieu permettait que les honnêtes gens portassent un pareil masque, à quel signe serait-il permis de reconnaître les méchants?

Aussi, nous l'avons dit, le beau prêtre s'était-il arrêté, stupéfait, devant cette visible image de la bassesse, devant ce hideux symbole de la lâcheté.

A cette vue ses sourcils se froncèrent, à lui l'homme de bien, qui croyait porter sur son front le reflet des nobles et mâles vertus de son cœur, et ce fût plein de découragement que, s'asseyant au chevet de cet homme, il laissa tomber sa tête sur sa poitrine.

En cette posture, au lieu de venir tendre la main à une âme aux ailes blanches, et prête à monter vers Dieu, il semblait demander au Seigneur la force d'écouter la confession d'un méchant, et de disputer à Satan une âme damnée d'avance.

Au reste, comme au lieu de lui parler, le mourant se contentait de gémir et de pleurer, ce fut frère Dominique qui le premier prit la parole.

— Vous m'avez fait demander? dit-il à M. Gérard.

— Oui, répondit le mourant.

— Je vous écoute, alors.

Le mourant regarda le prêtre avec une inquiétude qui fit jaillir une double flamme de ses yeux qu'on eût cru éteints.

— Vous êtes bien jeune, mon frère? demanda-t-il.

Le prêtre se leva, cédant à un premier mouvement de répugnance.

— Ce n'est pas moi qui ai demandé à venir, dit-il.

Mais le mourant, sortant vivement hors du lit une main décharnée, l'arrêta par sa robe.

— Non, dit-il, restez. Je voulais dire qu'à votre âge on n'avait peut-être point assez médité sur le côté sombre de la vie, pour répondre aux questions que j'ai à vous faire.

— Que puis-je vous dire? répondit le prêtre. Si vous interrogez la foi, je répondrai avec la foi; si vous interrogez l'esprit, je tâcherai de répondre avec l'esprit.

Il se fit un silence d'un instant, pendant lequel le prêtre resta debout.

— Asseyez-vous, mon père, dit le moribond du ton de la prière.

Dominique se laissa retomber sur sa chaise.

— Maintenant, mon père, dit le moribond, au nom du ciel, ne vous scandalisez pas des demandes que j'ai à vous faire, et surtout promettez-moi de ne pas m'abandonner avant que ma confession soit achevée ; ce sera bien assez qu'un seul cœur soit dépositaire d'un pareil secret.

— Parlez, dit le prêtre.

— Vous connaissez mieux que moi les dogmes de l'église à laquelle vous appartenez, mon père.

M. Gérard s'arrêta.

Puis, après un instant d'hésitation :

— Mon père, reprit-il, croyez-vous à une autre vie ?

Le prêtre regarda le mourant avec une expression qui tenait du mépris ;

— Si je ne croyais pas à une autre vie, dit-il, croyez-vous que j'eusse revêtu cette robe dans celle-ci ?

M. Gérard poussa un soupir. Le dominicain venait, en effet, de lui donner la preuve de l'étendue de sa foi.

— Oui, je comprends, dit-il; mais croyez-vous, mon père, que dans cette autre vie l'homme trouve la récompense de ses vertus et le châtiment de ses crimes?

— A quoi servirait-elle sans cela?

— Et croyez-vous, mon père, continua le moribond, que la confession soit absolument nécessaire à la rémission de nos péchés, et que le pardon de Dieu ne puisse descendre sur une tête coupable que par l'intermédiaire de son ministre?

— L'Église nous l'affirme, monsieur.

— Je croyais, hasarda le mourant, qu'en cas de contrition parfaite...

— Oui; sans doute, répondit le dominicain avec une répugnance marquée à poursuivre cette discussion théologique, sans doute, en l'absence d'un ministre du Seigneur, la contrition parfaite peut remplacer l'absolution.

— De sorte que l'homme qui a la contrition parfaite...

Le prêtre regarda le moribond.

— Qui a, ou qui se croit? demanda-t-il.

M. Gérard se tut.

— Quel pécheur peut se vanter d'avoir la contrition parfaite? demanda le dominicain; quel coupable peut affirmer que son repentir est exempt de crainte, son remords pur de terreur? Quel mourant peut dire : Si demain Dieu me rendait les jours qu'il me compte, les heures qu'il me reprend, ces heures, ces jours seraient employés à réparer le mal que j'ai fait?

— Moi! moi! s'écria le mourant, moi je puis dire cela!

— Alors, reprit le prêtre, vous n'avez pas besoin de moi, monsieur.

Et il se leva une seconde fois.

Mais, par un mouvement rapide comme la pensée, la main décharnée de Gérard s'attachait à sa robe, tandis que sa voix murmurait :

— Non, non, restez, mon père. Je me ments à moi-même; ce n'est pas le repentir, ce n'est pas le remords qui me font parler, c'est la terreur; et j'ai besoin du pardon des hommes avant d'affronter la présence de Dieu. Restez donc, mon père, je vous en supplie.

Le moine se rassit.

— Je suis ici pour faire à votre volonté, et non à la mienne, répondit le dominicain, sans quoi Dieu m'est témoin qu'à l'instant même je me retirerais. Vous parliez de terreur ; eh bien, je ne sais pourquoi, mais la terreur que j'éprouve à vous entendre est presque égale à celle qui vous fait hésiter à me parler.

— Mon père, demanda le malade, croyez-vous que je sois aussi près de la mort qu'on le dit ?

— C'est au médecin et non à moi qu'il faut demander cela, mon frère, répondit le prêtre.

— Il me semble que j'ai encore des forces et que je puis attendre, mon père? demanda le malade en hésitant. Ne pourriez-vous revenir, soit demain, soit ce soir?

— Peut-être pouvez-vous attendre, mais moi je ne puis revenir, dit le moine. J'ai un triste et pieux devoir à accomplir, et dans deux heures je partirai pour la Bretagne.

— Ah! vous partez, vous quittez Paris dans deux heures?

— Oui.

— Pour longtemps?

— Pour le temps qu'il plaira à Dieu. Je vais consoler un père de la mort de son fils.

— Alors, murmura le mourant, mieux vaut que cela soit ainsi. Oui, c'est Dieu lui-même qui vous envoie ; vous partez, n'est-ce pas? vous partez, bien certainement?

— A moins que Dieu ne permette que le mort que j'accompagne, que le cadavre que je reconduis, ne revienne à la vie, oui, je pars bien certainement.

— Et vous êtes sûr que ce miracle est impossible, n'est-ce pas ?

Le cœur de l'abbé Dominique se serra affreusement, les terreurs et les hésitations de cet homme, se manifestant ainsi, lui causaient une invincible répulsion.

— Hélas ! oui, murmura-t-il, j'en suis sûr.

Et le bon prêtre passa son mouchoir sur ses yeux, pour essuyer les larmes qui s'en échappaient, heureux de se réfugier en quelque sorte dans sa propre douleur, pour fuir l'égoïste effroi de cet homme.

qui, sans s'apercevoir de ses larmes, murmurait :

— Oui, oui, cela est mieux ; il part dans deux heures, il quitte le pays, il n'y reviendra peut-être jamais, tandis que le curé de Meudon reste, lui !

Alors, faisant un effort suprême :

— Écoutez-moi, mon père, dit-il, je vais tout vous raconter.

Et, laissant avec un soupir tomber sa tête entre ses mains, le moribond parut se recueillir.

Le moine s'accouda au bras du fauteuil sur lequel il était assis.

La chambre, plongée d'abord, par la fermeture des rideaux, dans une obscurité relative, s'était éclairée peu à peu, ou plutôt les yeux du prêtre s'étaient habitués à cette obscurité, à laquelle les lueurs blafardes de la veilleuse d'albâtre donnaient un caractère mystérieux et fantastique.

Vu dans ces demi-ténèbres, le crâne du mourant paraissait plus osseux, plus pâle, plus dépouillé de sa chevelure; vue ainsi, sa figure semblait plus livide, plus décharnée, plus cadavéreuse; sa physionomie, plus basse, plus abjecte.

Il commença d'une voix faible, et sans écarter les mains de son visage. Et, aux premiers mots de cette confession, qu'il entendait sans savoir encore ce qu'il allait entendre, le moine écarta son fauteuil du lit, comme s'il y avait une souillure dans le seul contact de cette voix.

VIII

Gérard Tardieu.

Ces premières paroles n'avaient cependant rien que de bien naturel, et pouvaient sortir de toutes les bouches.

— J'étais resté veuf à trente ans, dit le moribond, et mon premier mariage m'avait causé tant de soucis, que j'avais bien juré de ne jamais en contracter un second.

Je n'avais pas d'autre parent au monde qu'un frère aîné qui, ayant quitté le pays en 1795, était allé s'embarquer à Toulon, où il avait pris passage sur un bâtiment faisant voile pour le Brésil.

Le métier des armes lui répugnait, la culture de la terre lui était anthipathique, et commercer en boutique lui faisait horreur ; il ne rêvait que courses, voyages, aventures, et les pays lointains étaient pour lui autant de terres promises.

Parmi tous ces pays, le Brésil fut celui auquel il donna la préférence ; il s'embarqua donc pour Rio-Janeiro, n'emportant avec lui qu'une petite pacotille, dont le prix total ne montait certes pas à la somme de mille écus.

Je ne reçus de lui que trois lettres; la première en 1801 ; il me disait dans cette lettre qu'il avait fait fortune, et m'invitait à aller le rejoindre.

J'avais horreur de la mer, je refusai.

En 1806, je reçus une seconde lettre de lui ; il m'écrivait qu'il avait tout perdu, et que j'avais bien fait de demeurer en France.

Je demeurai onze ans sans entendre parler de lui, et sans en avoir aucune nouvelle ni directement, ni indirectement.

Enfin, en 1817, je reçus une lettre de lui.

C'était la troisième seulement depuis son départ, et il y avait vingt-deux ans qu'il était parti.

Il avait fait une fortune colossale; il était marié et était père deux enfans, il revenait prochainement et n'avait pas de désir plus cher, maintenant qu'il était millionnaire, que de revoir la France, et d'y vivre auprès de moi.

En effet, au mois de juin 1817, il arriva à Paris, et je reçus de lui un mot, par lequel il m'invitait à venir le rejoindre en toute hâte.

Il avait perdu sa femme pendant la traversée, il était au désespoir, et mon amitié fraternelle pouvait seule adoucir son chagrin.

J'avais moi-même grand désir de revoir mon frère, pour lequel j'avais, malgré son absence et mon âge, gardé une bonne et tendre amitié de jeune homme; au reçu de sa lettre, je résolus donc de partir, et je fis mes adieux à mes bons amis de Vic-Dessos.

A ce nom, le moine releva la tête.

— De Vic-Dessos! dit-il, vous habitiez le petit village de Vic-Dessos?

— C'est là que je suis né, répondit le moribond, je ne l'ai quitté que pour venir à Paris, et plût au ciel que je ne l'eusse jamais quitté !

Le moine attacha sur le mourant un regard curieux qui ne paraissait pas exempt d'une certaine inquiétude ; mais celui-ci, sans remarquer le mouvement, presque imperceptible d'ailleurs, qui s'était fait dans l'attitude du prêtre, continua :

— J'arrivai à Paris après un voyage de huit jours, et trouvai mon frère Jacques changé, au point que je ne le reconnus pas ; lui, au contraire, me reconnut, et m'embrassa avec une effusion qui, à cette heure même, me fait venir les larmes aux yeux.

Un terrible supplice pour moi, serait de sentir l'impression de ces deux baisers si tendres sur mes joues.

Le mourant passa son mouchoir sur son

front couvert de sueur, et, pendant quelques instants, sembla s'abîmer dans ses souvenirs.

Le moine le considérait pendant ce temps avec une curiosité croissante : il était visible qu'il avait envie de lui adresser la parole, de le questionner, de l'interroger, et qu'une voix intérieure lui disait de n'en rien faire, ou du moins d'attendre.

M. Gérard tendit la main au moine, pour que celui-ci lui passât un flacon de sels qui était sur la table de nuit, et, après avoir respiré le flacon à plusieurs reprises il continua :

— Le pauvre Jacques était pâle, maigre et défait comme je le suis en ce moment ; on eût dit, que comme moi, à cette heure, il n'avait plus qu'un pas à faire pour heurter à la porte de son tombeau.

Il me raconta la mort de sa femme, avec des sanglots qui attestaient sa douleur ; puis il fit appeler ses enfants, pour me montrer en eux tout ce qui lui restait d'elle.

On les amena.

C'étaient deux enfants admirablement beaux ; l'aîné, le garçon, blond, frais et rose comme sa mère ; la fille, brune au teint pâle, avec de magnifiques cheveux, des sourcils, des cils et des yeux noirs.

La fille surtout était charmante, avec ses joues dorées par le soleil du Brésil, comme les raisins de nos pays.

La petite fille avait quatre ans, on l'appelait Léonie.

Le petit garçon en avait six, on l'appelait Victor.

Chose étrange, et dont je me souviens à cette heure seulement, tous deux semblèrent effrayés à ma vue, et refusèrent de m'embrasser.

Jacques eut beau leur répéter: mais, c'est mon frère, mais, c'est votre oncle; la petite fille se prit à pleurer, et le petit garçon se sauva dans le jardin.

Le père essaya de les excuser auprès de moi. Pauvre Jacques! il adorait ses enfants, ou plutôt son amour pour eux allait jusqu'à la folie; il ne pouvait les regarder sans pleurer, tant le garçon lui rappelait sa femme par les traits, et sa fille par le caractère.

Il en résultait que ces enfants malgré l'amour immense qu'il avait pour eux, lui causaient presque autant de chagrin que de joie, et que quand il les avait regardés trop longtemps, il appelait leur gouvernante, et lui disait d'une voix étouffée : Emmène-les, Gertrude.

J'avais une grande tendresse pour mon frère, son état m'inquiétait sérieusement. Outre cette douleur qui le minait, mais dont avec le temps, l'amour de ses enfants et mes soins, il eût pu guérir, il était, à certaine époque de l'année, vers l'automne, en proie à une fièvre paludéenne qu'il avait attrapée dans un voyage qu'il avait fait à Mexico, dont il n'avait pu guérir, et qui le reprenait avec une nouvelle force depuis son retour en France.

On consulta les meilleurs médecins de Paris ; leur science échoua devant cet empoisonnement du poumon, et le résultat des consultations fut que l'on conseilla à mon frère d'aller habiter la campagne. C'est l'ordonnance que l'on prescrit à ceux auxquels on n'a plus rien à ordonner.

On voyait, pour ainsi dire, sur le visage de Jacques, la trace qu'y laissait chaque journée : le soir, il était plus pâle et plus faible que le matin ; le matin, que la veille.

Je me mis à la recherche d'une maison de campagne, et, un jour, en revenant de Fontainebleau, je vis, près de la Cour de France, à cinq lieues environ de Paris, une affiche où l'on annonçait la mise en vente d'une grande maison de campagne, située à Viry.

— A Viry-sur-Orge ? interrompit le prêtre, avec la même intonation qu'il avait dit, à Vic-Dessos, et en couvrant ce mouvement d'un regard de plus en plus interrogateur.

— Oui, à Viry-sur-Orge, répéta le mourant ; vous connaissez ce pays ?

— Pour en avoir entendu parler, oui ; mais je ne l'ai jamais habité, je ne l'ai même jamais vu, répondit le prêtre, d'une voix qui n'était point exempte d'une certaine altération.

Mais le malade était trop préoccupé de ses propres pensées pour faire attention à celles que son récit pouvait éveiller dans l'esprit ou dans les souvenirs de son auditeur.

Il continua :

— Viry-sur-Orge est située à un quart de lieue à peu près de l'endroit où je me trouvais ; je me dirigeai vers ce hameau, qu'un paysan m'indiqua, et, un quart d'heure après, j'étais devant la maison, ou devant le château qui, plus tard, devait m'appartenir.

Le prêtre, à son tour, passa son mouchoir sur son front ; on eût dit que chaque période du récit du malade faisait briller à ses yeux de ces lueurs étranges comme on en voit en rêve, et à l'aide desquelles on essaie inutilement de reconstituer un événement écoulé dans le passé.

— On arrivait à la maison, continua le malade, par une longue avenue plantée de tilleuls ; puis, l'antichambre et la salle à manger franchies, on se trouvait de l'autre côté sur un immense perron de pierre, du haut duquel on était émerveillé du tableau féerique que l'on avait sous les yeux.

C'était un parc entouré de chênes séculaires, qui se reflétaient dans une belle et profonde pièce d'eau qui, la nuit, semblait un vaste miroir d'argent; les bords en étaient couverts de joncs, de roseaux et de fleurs, de larges nymphéas s'élargissaient à sa surface, et les dix ou douze arpents qui lui servaient de cadre, étaient plantés de fleurs de toutes espèces, de tous pays, de toutes couleurs, de tous parfums; à cinq cents pas du château, l'air était embaumé comme l'est l'atmosphère à deux lieues de la ville de Grasse.

C'était assurément l'habitation de quelque grand amant de la nature, car on voyait assemblées là toutes les merveilles végétales de la création.

— Oh ! mon Dieu, murmura le malade, maintenant que j'y songe, il me semble que l'on eût pu être bienheureux dans un pareil paradis !

Je visitai la maison ; l'intérieur était digne de l'extérieur.

C'était, en somme, un vieux château, meublé, du haut en bas, dans le goût moderne, riche, élégant et confortable tout à la fois.

Il me fut montré par une femme qui avait été au service de l'homme auquel il avait appartenu. Le propriétaire était mort, et, les héritiers étant nombreux, on faisait vendre le château pour concilier tous les intérêts.

La femme qui me servait de guide dans cette visite n'avait pas, auprès du défunt, de qualité bien déterminée ; elle s'intitulait sa femme de confiance, et passait dans le pays pour avoir hérité de l'argent comptant qu'il pouvait y avoir dans la maison au moment où son maître était mort.

C'était une femme de trente ans, grande et forte, et qu'à son accent basque on reconnaissait facilement pour être de nos pays. Elle avait dans le regard, dans la tournure, dans les manières, quelque chose de viril qui me répugna d'abord. A mon accent aussi elle me reconnut pour un voisin du pays basque; s'appuyant sur notre compatriotisme, elle se recommanda à moi, dans le cas où moi ou quelqu'un de ma famille achèterait la maison, pour rester dans la maison au même titre qu'elle y avait, et même comme femme de chambre ou comme cuisinière.

Je lui dis alors que c'était pour mon frère et non pour moi; que j'étais, personnellement, aussi pauvre que mon frère était riche; j'ajoutais seulement que je craignais que mon cher Jacques n'eût pas à jouir longtemps de sa fortune.

Alors, elle me vanta l'air du pays, la salubrité de la situation, le voisinage de Paris, où l'on pouvait se rendre en une heure, et surtout la modicité du prix de cette splendide propriété, que l'on donnerait pour cent vingt mille francs, et peut-être même pour cent mille, tant les héritiers étaient pressés de toucher leur part d'héritage, à celui qui offrirait de payer comptant.

Mon frère était tout à fait dans ces conditions-là ; à mon avis la propriété lui convenait à merveille et je promis à Orsola Pontaé — c'est ainsi qu'on nommait la femme de confiance de l'ancien propriétaire — ma double influence près de mon frère, d'abord pour qu'il achetât le château; ensuite, pour qu'il la gardât près de lui.

Je vous parle longuement de cette femme à cause de l'influence terrible qu'elle a eue sur ma vie.

A peine l'eus-je quittée, au reste, que je m'étonnai de lui avoir promis ma protection auprès de Jacques; l'impression qu'elle avait produite sur moi, je le répète, était plutôt répulsive que sympathique.

Mais, en revanche, je trouvai la propriété si merveilleusement belle, j'en fis un tel éloge à mon frère, qu'il me donna plein pouvoir pour traiter, et que, huit jours après, j'en avais fait l'acquisition en son nom, au prix de cent mille francs.

L'installation eut lieu le jour même du versement du prix chez le notaire de Corbeil.

Notre domestique se composait d'un jardinier, d'un valet de pied, de la cuisinière, et de la femme de chambre, chargée du soin des enfants; plus, d'un jeune chien, moitié Saint-Bernard, moitié Terre-Neuve, que le maître de l'hôtel habité par mon frère, à Paris, lui avait cédé sur la demande des enfants, qui, jouant avec lui du matin au soir, n'avaient pas voulu s'en séparer.

Les enfants l'avaient appelé *Brésil*, en souvenir de la terre où ils étaient nés.

Sur ma demande, on adjoignit Orsola à tout ce personnel.

Le jour même, elle fit pour tout le monde ce qu'elle avait fait pour moi, c'est-à-dire qu'elle montra à mon frère le château dans tous ses détails, installa chacun à son poste, et prit du premier moment, sous une apparente humilité, cette position de femme de confiance qu'elle avait près de son ancien maître.

Au reste, personne n'avait à se plaindre du changement ou du poste qui lui était assigné; on eût dit qu'elle avait consulté chacun dans ses goûts et l'avait servi selon ses désirs.

Il n'y avait pas jusqu'à Brésil qui n'eût une niche magnifique, qui lui eût été on ne peut plus agréable, s'il n'eût regardé avec inquiétude une chaîne scellée au mur, laquelle semblait menacer sa liberté à venir.

Tout était si confortable dans cette nouvelle habitation, que la vie y fut facile et commode pour tous dès le premier jour.

Nous y passâmes la fin de l'été, puis l'automne. Il avait été question de revenir pour l'hiver à Paris, mais Jacques préféra la campagne avec tous ses désagréments, qui disparaissent d'ailleurs en partie à l'aide d'une grande fortune, Jacques préféra la campagne au séjour de Paris.

Nous arrivâmes ainsi au mois de février 1818, l'état de Jacques empirant de jour en jour.

Un matin, il m'appela dans sa chambre à coucher, renvoya les enfants, et quand nous fûmes seuls :

— Mon cher Gérard, me dit-il, nous sommes hommes, nous devons parler et surtout agir comme des hommes.

J'étais assis près de son lit, et devinant le sujet dont il allait être question, j'essayai de le rassurer sur sa santé.

Mais lui, me tendant la main :

— Frère, dit-il, je sens ma vie qui s'en va à chaque haleine, et je ne regretterais pas la vie, puisque la mort va me réunir à ma chère femme, si l'avenir de mes deux enfants ne m'inquiétait profondément. Je sais qu'en te les léguant, je les laisse à un autre moi-même ; mais, par malheur, tu n'es pas père, toi, et on ne le devient jamais complétement des enfants des autres. D'ailleurs, il y a deux choses à surveiller chez les enfants : la vie matérielle, c'est-à-dire celle du corps; la vie intellectuelle, c'est-à-dire celle de l'esprit. Tu me répondras que l'on peut mettre le garçon dans un grand collége, la fille dans un excellent couvent; j'y ai pensé, mon ami; mais les pauvres enfants sont habitués aux fleurs, aux grands bois, à l'air des champs, aux rayons du soleil, et je tremble à l'idée de les enfermer dans ces prisons qu'on appelle des pensions, dans ces cellules qu'on nomme des dortoirs; puis, à mon avis, il n'y a de grand arbre que celui qui pousse au grand jour. Donc, je t'en prie, mon cher Gérard, pas de collége, pas de couvent pour les pauvres enfants.

Je m'inclinai.

— Tout ce que tu voudras, frère, lui dis-je. Ordonne, j'obéirai.

— Depuis longtemps, reprit Jacques, je songeais donc à mettre près deux un précepteur, un médecin, pour ainsi dire, de leur vie morale; seulement, je ne savais sur qui arrêter mon choix, lorsque Dieu, qui veut sans doute me donner cette tranquillité au moment de ma mort, a permis qu'un de mes amis revint hier de quinze cents lieues pour me tirer d'embarras.

Effectivement, la veille, un inconnu avait demandé Jacques, refusant de dire son nom, avait été introduit dans sa chambre, et était resté près d'une heure avec lui.

— Tu veux parler de cet homme qui est venu hier ? dis-je à Jacques.

—Oui, répondit celui-ci, c'est un homme que j'ai connu autrefois, et que j'ai revu à de longs intervalles ; mais si peu que je l'aie vu, j'ai pu apprécier son jugement, sa droiture, sa bonté ; dans deux ou trois occasions, où je l'ai vu payer bravement de sa personne, j'ai pu apprécier de son courage ; peu d'hommes m'ont inspiré, au premier abord, une sympathie que le temps ait mieux justifiée ; il m'a rendu autrefois un service dont je lui serai reconnaissant jusqu'à l'heure de ma mort.

Le jeune moine prêtait une attention

croissante au récit du moridond; on eût dit que, depuis quelques instants, ce récit, par un point inconnu, le touchait personnellement.

Le mourant continua:

— Des affaires de la nature la plus grave, des intérêts qui touchent aux plus hautes questions politiques de ce pays, intérêts et affaires que je connais, mais qu'il ne m'est point permis de faire connaître, même à toi, l'ont forcé de s'exiler deux fois de la France et, aujourd'hui qu'il y rentre, à s'y tenir à peu près caché; hier, il venait me demander abri contre les haines et les soupçons qui le poursuivaient, soupçons et haines, d'ailleurs, qui n'ont rien que d'honorable pour lui ; frère, je songe à lui pour l'éducation de mes enfants.

La respiration du moine devenait plus pressée, et, de temps en temps, il passait son mouchoir sur son front.

On eût dit qu'il était en proie à un combat intérieur, à une profonde agitation morale.

Ce fut au point que le malade s'en aperçut.

— Souffrez-vous, mon père? demanda-

t-il, et avez-vous besoin de quelque chose?
en ce cas, sonnez, et demandez ce dont vous
avez besoin.

Puis, à voix basse, il ajouta :

— J'en ai encore pour longtemps, car
autant que je le puis, je retarde l'aveu terrible; ayez donc patience, mon père, je
vous en prie.

— Continuez, dit le prêtre.

— Où en étais-je? je n'en sais plus
rien.

— Votre frère Jacques vous vantait la

moralité et le courage de son ami, de celui qu'il voulait donner pour précepteur à ses enfants.

— Oui, c'est vrai. C'est un homme d'une érudition profonde, ajouta Jacques, et qui connaît le monde depuis les hautes jusqu'aux basses régions, langues anciennes, langues modernes, histoire, sciences et arts, il sait tout, c'est une encyclopédie vivante, et si j'étais sûr qu'il pût demeurer avec toi jusqu'à la majorité de mes enfants, je mourrai presque sans regret.

— Qui l'empêchera ? demandai-je à Jacques.

— La gravité des affaires qui le préoccupent, et qui sont de telle nature qu'il peut être contraint d'un instant à l'autre de s'éloigner et peut-être pour toujours ; dans tous les cas, s'il était forcé de te quitter, je te chargerais de pourvoir à son successeur ; il a un fils qui se destine à l'état ecclésiastique.

— Pardon, dit le prêtre en se levant, mais je ne puis, je ne dois pas écouter plus longtemps votre confession, monsieur.

— Et pourquoi cela, mon frère? demanda le malade d'une voix altérée.

— Parce que, répondit le moine d'une

voix aussi altérée peut-être que celle qui lui adressait cette question, parce que je vous connais et que vous ne me connaissez pas, parce que je sais qui vous êtes et que vous ne savez pas qui je suis.

— Vous me connaissez, vous savez qui je suis ! s'écria le moribond avec l'expression de la plus profonde terreur ; c'est impossible !

— Vous vous nommez Gérard Tardieu, n'est-ce pas, et non point tout simplement Gérard ?

— Oui, mais vous, qui êtes-vous et comment vous nommez-vous ?

— Moi, je me nomme Dominique Sarranti.

Le malade jeta un cri d'effroi.

— Je suis le fils, continua le moine, de Filippo Sarranti, que vous avez accusé d'assassinat et de vol, et qui est innocent, je le jure !

Le moribond, qui s'était soulevé sur son lit, retomba la face sur son oreiller, en poussant un gémissement étouffé.

— Vous le voyez bien, dit le moine, que ce serait vous tromper que d'écouter plus longtemps votre confession, puisqu'au lieu de l'écouter avec la charité d'un prêtre, je l'écouterais avec la haine d'un fils dont vous avez calomnié et déshonoré le père.

Et, repoussant violemment son fauteuil, le dominicain fit un mouvement vers la porte.

Mais, pour la troisième fois, il se sentit arrêté par sa robe.

— Non, non, non ! restez, au contraire, cria le mourant de toute la force de sa voix, restez c'est la Providence qui vous amène; restez : c'est Dieu qui permet qu'avant de mourir je répare le mal que j'ai fait.

— Vous le voulez? dit le prêtre, prenez garde, je ne demande pas mieux, et il m'a fallu un effort surhumain pour vous dire qui j'étais, et pour ne pas abuser du hasard qui me conduisait près de vous.

— De la Providence, mon frère, de la Providence! répéta le mourant. Oh! j'eusse été vous chercher au bout du monde, si j'eusse su où vous trouver, pour vous faire écouter ce que vous allez entendre!

— Vous le voulez? dit Dominique.

— Oui, répéta le malade, oui, je vous en prie, je vous en supplie; oui, je le veux.

Le moine retomba tout frissonnant sur son fauteuil, les yeux au ciel et murmurant tout bas :

— Mon Dieu, mon Dieu, que vais-je entendre.

IX

Où un chien hurle. — Où une femme chante.

Après l'étrange découverte qu'il venait de faire, il fallut que frère Dominique fît sur lui-même un bien violent effort, pour que son visage ne trahît point le trouble qui l'agitait.

Nous l'avons dit, quand nous avons essayé de montrer au lecteur ce magnifique portrait de Zurbaran détaché de sa toile, la démarche, la physionomie, la parole du jeune moine, tout en lui portait l'empreinte d'une tristesse morne et profonde, mais voilée et silencieuse.

Les causes de cette tristesse, dont il n'avait jamais fait confidence à personne, nous allons les voir se dérouler avec la confession de Gérard Tardieu, ou plutôt avec le récit des dernières années de la vie de cet homme que tout le village de Vanves et que tous les villages environnants appelaient le bon, l'honnête, le vertueux M. Gérard.

Celui-ci reprit d'une voix faible, fréquemment interrompue par des sanglots, des soupirs et des gémissements.

— Quant à ma fortune, continua mon frère, son partage est bien simple, et je crois, depuis le temps que je pense à ma mort, avoir tout prévu. Voici la copie de mon testament, déposé chez M. Henry, notaire à Corbeil. Je te la remets, et tu vas la lire, pour voir s'il n'y a point quelque oubli ou quelque omission à réparer. Je crois toutefois que tu n'y trouveras rien à redire, car l'emploi de ma fortune est bien facile.

Je laisse un million à chacun de mes

enfants. Je désire que, sauf la dépense nécessaire à leur éducation et à leur entretien, le revenu de ces deux millions aille s'accumulant, jusqu'à leur majorité. — C'est toi que je charge de ce soin.

Quant à toi, mon ami, comme je connais la simplicité de tes goûts, je te laisse à ton choix, soit une somme de trois cent mille francs argent, soit une rente viagère de vingt-quatre mille livres; si l'idée te venait de te remarier, tu prendrais sur les revenus accumulés des enfants, soit six autres mille livres de rente, soit une autre somme de cent mille francs.

Si l'un des deux enfants mourait, je désire que l'autre en hérite tout entier.

Si tous deux mouraient — et, à cette seule pensée, la voix de mon pauvre frère devint presque inintelligible — comme ils n'ont pas d'autres parents au monde que toi, tu deviendrais leur héritier.

Je laisse particulièrement à tous ceux qui m'ont servi des marques de ma reconnaissance; tu n'as point à t'en inquiéter.

J'ai jugé inutile de consigner dans mon testament les sommes que tu devais consacrer à l'éducation de mes enfants ; cette dépense sera réglée par toi, sans profusion comme sans parcimonie. Cependant, il y a un point sur lequel je fixerai ton attention : je te prie de ne pas donner à mon ami Sarranti moins de six mille francs par année; le dévoûment des hommes qui élèvent nos enfants ne m'a jamais paru suffisamment récompensé, et si j'étais le directeur de l'Instruction publique en France, je voudrais que les professeurs qui passent leur vie à former le cœur et l'esprit de nos enfants, fussent autrement rétribués que les laquais qui servent à brosser leurs habits.

Le moine appuyait son mouchoir, non plus sur son front pour en essuyer la sueur, mais sur sa bouche, pour en étouffer les sanglots.

Cette suprême précaution de Jacques

Tardieu, pour sauvegarder la dignité de son ami, le touchait au plus profond du cœur.

—Si l'un des deux enfants mourait, continua le malade, exprimant toujours les dernières volontés de son frère, cent mille francs, sur la fortune du mort, seraient prélevés pour Sarranti.

Si tous deux mouraient, deux cent mille.

Dominique se leva, et alla se jeter sur un fauteuil, dans un coin de la chambre, pour y pleurer quelques instants tout à son aise.

En s'éloignant du lit, il ne put s'empêcher de laisser tomber sur le malade un regard de suprême dédain.

Mais il ne lui fallut que quelques secondes pour vaincre son émotion, et, quittant cette espèce de solitude momentanée qu'il était venu chercher, il se rapprocha d'un pas lent et grave du lit du mourant.

Son œil était sombre et plein d'interrogations, et il était évident qu'il attendait avec impatience la suite de cette confession, dont il eût voulu presser le récit, mais dont, cependant, il désirait ne perdre aucun détail.

De son côté, le malade était si accablé,

et par les efforts qu'il avait faits pour parler si longtemps et par l'émotion qu'il avait éprouvée, qu'il était retombé livide sur son oreiller, et paraissait évanoui.

Le dominicain trembla à cette idée que M. Gérard pouvait mourir avant d'avoir achevé sa confession, et par conséquent le laisser dans l'ignorance des faits qu'il avait le plus grand intérêt à connaître.

Il s'approcha donc de cet homme avec moins de répugnance visible, et lui demanda s'il avait besoin de quelque chose.

— Mon frère, répondit le malade, donnez-moi une cuillerée de ce cordial qui est sur la cheminée. Dussé-je mourir à la peine, je veux tout vous dire d'un seul coup.

Le moine présenta au moribond une cuillerée de l'élixir. A peine l'eut-il avalé, qu'il parut, en effet, recouvrer quelques forces, et que, faisant signe au moine de reprendre sa place à son chevet, il continua :

— Mon frère me remit donc la copie du testament, et j'eus beau protester contre la générosité qu'il déployait envers moi, lui dire qu'habitué à vivre avec quinze ou dix-huit cents francs par an, je n'avais besoin ni d'un si gros capital ni d'une si forte rente, il ne voulut rien entendre et ferma toute discussion en me disant que le frère d'un homme qui laissait deux millions de fortune à ses enfants, et qui avait à diriger pour ses pupilles une fortune de deux cent mille livres de rente susceptible de se doubler, ne devait pas, aux yeux de ses neveux même, avoir l'air de vivre à leurs dépens, comme un parasite étranger.

J'acceptai donc, le cœur rempli à la fois de tristesse et de reconnaissance, car jusque-là, mon père, je méritais ce titre d'honnête homme que j'ai usurpé depuis, et j'eusse consenti non-seulement à perdre cette fortune que me laissait mon frère, mais même ma fortune personnelle, si j'eusse eu une fortune quelconque, pour sauver la vie de mon pauvre frère, ou même ne la prolonger que de quelques années.

Malheureusement, la maladie était mortelle, et le lendemain de cette conversation, à peine eut-il la force de serrer la main de .. votre père, dit le malade avec effort, de votre père, répéta-t-il comme pour s'affermir, qui arriva au château dans l'après-midi.

Je ne vous ferai pas le portrait de M. Sarranti, mon frère, mais laissez-moi vous dire quelques mots de la première impression que me fit sa présence. Jamais, je puis le jurer devant Dieu et vous, jamais le visage d'une créature humaine ne m'inspira une sympathie plus vive, un respect plus profond. La loyauté, qui faisait le caractère principal de sa physionomie, attirait spontanément la confiance, et dès la première vue, on était prêt à lui ouvrir les bras et le cœur.

Il vint s'installer le soir même à la maison, sur les instantes prières de Jacques, qui avait déclaré vouloir fermer les yeux entre ses deux meilleurs amis, c'est-à-dire entre M. Sarranti et moi.

— Le soir même de son arrivée, il monta dans ma chambre et me dit :

— Monsieur Gérard, ne trouvez pas

mauvais que dès mon entrée dans la maison, je débute par vous demander un important service.

—Parlez, monsieur, lui dis-je; l'estime et l'amitié que mon frère a pour vous me donnnent le droit de vous dire ce qu'il vous dirait lui-même : mon cœur et ma bourse sont à vous.

— Merci, monsieur, répondit votre père, et je serai véritablement heureux le jour où vous pourrez mettre ma reconnaissance à l'épreuve. Mais le service que je réclame en ce moment est un acte de pure confiance, voilà pourquoi je m'adresse à vous, le peu d'espoir que nous avons de conserver longtemps encore notre pauvre Jacques, m'interdisant la joie de m'adresser à lui.

— En quoi puis-je justifier votre confiance, et me substituer à mon frère? demandai-je.

— Voici, monsieur.

J'écoutai.

— Je suis chargé, continua M. Sarranti, par une personne, dont il ne m'est point permis jusqu'ici de dire le nom, de placer chez un notaire une somme de cent mille écus, que je porte avec moi dans ma malle. Cette somme est un simple dépôt que je désire faire, et non un placement; peu importe que la somme ne rapporte rien, pourvu que, d'un jour à l'autre, et selon les besoins de la personne dont je suis mandataire, je puisse la reprendre à première réquisition.

— Rien de plus facile, monsieur, et tous les jours on dépose, à ces conditions-là, une somme plus ou moins forte chez un notaire.

— Merci, monsieur, me voici rassuré sur un point; maintenant, veuillez me tranquilliser sur l'autre, c'est-à-dire sur le principal, sur celui où est véritablement le service que je vous demande.

— Dites.

—Cette somme ne peut être placée en mon nom, car tout le monde connaît mon manque absolu de fortune ; elle ne peut être placée en celui de votre cher frère, puisque, d'un moment à l'autre, Dieu va le rappeler à lui. Je désirerais donc qu'elle fût placée...

— En mon nom? me hâtai-je de dire simplement.

— Oui, monsieur, et voilà le service que j'avais à vous demander.

— J'eusse désiré que la chose fût plus importante, monsieur, car ce n'est pas même un service que vous réclamez de moi, c'est une simple complaisance ; quand il vous plaira de faire le dépôt de cette somme, vous me le direz ; j'accomplirai votre désir, et vous remettrai personnellement une contre-lettre, pour que vous puissiez, en cas d'accident, de départ, de mort subite vous substituer à moi, et vous présenter au notaire, comme le propriétaire véritable de l'argent.

— Si l'argent était à moi, dit M. Sarranti, je refuserais cette garantie, que je regarderais comme inutile ; mais, je vous le répète, il ne m'appartient pas, et est destiné à servir de hauts intérêts. J'accepte donc non-seulement le service, mais toutes les sûretés que vous voudrez bien me donner pour faciliter, au moment donné, ou le retrait total, ou l'emploi partiel de la somme déposée.

— Donnez-moi cette somme, monsieur, et, dans une heure, elle sera déposée chez M. Henry.

M. Sarranti avait, en effet, les trois cent mille francs en or dans sa malle; nous les comptâmes, puis, je les enfermai dans ma cassette. J'en donnai un récépissé dans la forme convenue; je fis mettre le cheval à la voiture, et je partis pour Corbeil.

Une heure et demie après, j'étais de retour à la maison. M. Sarranti était au chevet du lit de Jacques, qui allait de plus en plus mal.

Jacques m'avait demandé deux ou trois fois.

L'état de mon pauvre frère était désespéré, et le médecin ne répondait point qu'il passât la nuit.

En effet, vers deux heures du matin, il demanda à voir une dernière fois les enfants. Gertrude, qui veillait avec nous, les alla prendre dans leur lit et les lui amena tout pleurants. Les pauvres petits versaient des larmes sans se rendre bien parfaitement compte de leur malheur; ils sentaient instinctivement que quelque chose de profond, de sombre, d'infini planait sur eux.

C'était la mort.

Jacques bénit les deux enfants, qui se mirent à genoux près de son lit, puis il les embrassa, et fit signe à Gertrude de les emmener. Les enfants ne voulaient pas; leurs larmes se changèrent en sanglots et leurs sanglots en cris, lorsqu'il leur fallut quitter la chambre. Ce fut une scène d'une profonde tristesse, d'un effroyable déchirement, et j'ai bien peur, pour ma punition, d'entendre ces cris pendant toute l'éternité.

Puis, ajouta le moribond, d'autres cris plus déchirants encore...

Le malade s'affaissa une seconde fois. Le prêtre craignit, en prodiguant l'élixir qui lui avait rendu des forces, de nuire à son efficacité; il se contenta donc, pour cette fois, de lui faire respirer des sels, et, en effet, ce réactif suffit.

M. Gérard rouvrit les yeux, poussa un soupir, essuya la sueur qui coulait sur son front, et reprit :

— Une heure après la sortie des enfants, mon frère expira.

Du moins son agonie fut douce, et il expira dans nos bras, comme il l'avait désiré.

Dans les bras de deux honnêtes gens, monsieur, car jusqu'à l'heure de la mort de mon frère, je n'ai point, je ne dirai pas une mauvaise action, mais même une mauvaise pensée à me reprocher.

Le lendemain, ou plutôt le jour même, au point du jour on écarta les enfants. Gertrude et Jean les emmenèrent à Fontainebleau, où ils devaient passer deux jours, et où, aussitôt les derniers devoirs rendus à son ami, M. Sarranti devait les rejoindre.

Ils demandèrent pourquoi on ne leur permettait pas d'embrasser leur père avant de partir ; mais on leur répondit que leur père n'était pas réveillé.

Mais alors, l'aîné, le garçon, Victor — je ne sais pas, mon père, comment j'ose prononcer ce nom — l'aîné, qui avait déjà quelque idée de la mort, dit :

— On nous a déjà dit que maman dormait, on nous a déjà emmenés ainsi un matin, et nous n'avons jamais revu maman. Papa est allé la rejoindre, et nous ne le reverrons jamais non plus.

Mais la petite fille, qui avait cinq ans à peine, répondit :

—Pourquoi papa et maman nous abandonneraient-ils, puisque nous sommes bien sages, que nous ne faisons de mal à personne, et que nous les aimons bien ?

Oh ! en effet, pauvres enfants, pourquoi votre père vous abandonnait-il, et surtout, en vous abandonnant, pourquoi vous remettait-il entre de pareilles mains ?

Et le malade regarda ses mains décharnées, comme Lady Macbeth regarde sa main sanglante quand elle dit :

—Oh ! toute l'eau du vaste Océan ne suffirait point à laver cette petite main.

— Enfin, reprit-il, les enfants partirent, mais Gertrude avait peine à les contenir, ils tendaient leurs bras hors de la calèche en criant : Nous voulons embrasser papa !

On fut obligé de fermer les vitres.

Nous nous occupâmes alors de remplir les derniers devoirs que nous imposait la mort de notre pauvre frère. Il n'avait fait aucune recommandation particulière pour l'inhumation ; nous déposâmes son corps dans le cimetière de Viry.

L'enterrement fut ce qu'il pouvait être dans un village, et sur sa tombe encore ouverte, je remis au curé qui disait les prières des morts, mille écus pour les pauvres, afin que les prières de ceux dont, même après sa mort, il avait soulagé le malheur, se mêlassent à nos prières.

Comme il l'avait promis, M. Sarranti, en sortant du cimetière s'achemina vers Fontainebleau.

Il devait, le lendemain ou le surlendemain, revenir avec les enfants.

Mais, avant de nous quitter, fondant en larmes tous les deux au souvenir de celui que nous avions perdu, nous nous jetâmes dans les bras l'un de l'autre.

— Oh ! pardonnez-moi d'avoir accusé, calomnié, flétri un homme que j'avais pressé contre mon cœur, s'écria le malade, s'adressant à frère Dominique ; mais, vous le verrez, j'étais fou quand j'ai commis ce crime, et, Dieu merci, le crime peut être réparé.

Le moine était impatient d'entendre la suite de cette confession, que le mourant avouait lui-même être terrible ; si terrible, que, quelle que fût sa faiblesse, celui qui la faisait en éloignait autant que possible la conclusion.

Il fit donc signe à M. Gérard qu'il le priait de continuer.

— Oui, oui, murmura celui-ci, mais voilà le difficile de continuer, et il est bien permis au voyageur qui n'a, jusqu'aux deux tiers de sa route, parcouru que de riches plaines et de fertiles vallées, d'hésiter un instant avant de s'engager dans des marais fétides, au milieu de précipices mortels et d'insondables abîmes.

Le dominicain, tout impatient qu'il fût, garda le silence et attendit.

L'attente ne fut pas longue. Soit que le malade sentît que sa force revenait, soit qu'il craignît, au contraire, que ce qu'il lui restait de force ne l'abandonnât tout à fait, il reprit :

— Je revins seul au château, abandonné, puisque depuis deux jours les deux enfants l'avaient quitté, emmenés par Jean et Gertrude, et puisque M. Sarranti venait de partir pour les rejoindre.

J'étais triste et sombre. J'avais non-seulement un deuil mortel sur mes habits, mais encore dans le cœur.

Deuil à la fois de mon frère mort, et de quarante-cinq années d'honneur qui allaient mourir.

J'eusse oublié le chemin du château, que j'y eusse été guidé par les hurlements douloureux de Brésil. On dit que les chiens voient l'invisible déesse qu'on appelle la Mort, et que quand toute la nature se tait sur son passage, eux seuls la saluent de leurs lugubres et prophétiques aboiements. Les cris du chien pouvaient faire croire à la vérité de cette sombre légende. Aussi, heureux de trouver, même chez un animal, une douleur qui répondît à la mienne, j'allai à lui, comme je serais allé à une créature humaine, à un ami.

Mais à peine Brésil m'eut-il aperçu, qu'il s'élança, non pas vers moi, mais contre moi, de toute la longueur de sa chaîne, les yeux ardents, la langue sanglante, les dents affamées.

J'eus peur de cette colère sans la comprendre ; je ne caressais pas le chien, mais je ne le maltraitais pas non plus.

Il adorait mon frère et les enfants : pourquoi cette haine contre moi ?

L'instinct l'emporte donc quelquefois sur l'intelligence.

Je revins vers le château.

Là, un autre bruit affecta mon oreille.

Dans cette maison, dont un cadavre venait de sortir, où le chien se lamentait, où l'homme essuyait à peine ses yeux, une voix de femme chantait.

Cette voix était celle d'Orsola.

Indigné et dans l'intention de lui imposer silence, je m'approchai de la salle à manger, d'où la voix paraissait sortir.

A travers l'entre-bâillement de la porte, je vis Orsola dressant, en l'absence de tout le monde, le déjeûner; et, tout en dressant le déjeûner, chantant, en patois basque, cette chanson de notre pays.

Chanson impie, cynique, révoltante en un pareil moment.

> Le bonheur est fait pour les dieux,
> Qui laissent le plaisir aux hommes;
> Bénissons ceux qui vont aux cieux,
> Mais consolons le cœur de ceux
> Qui restent au monde ou nous sommes.

Je ne saurais vous dire, mon père, la profonde répugnance que m'inspira, pour la femme qui la chantait, cette joyeuse et matérialiste chanson, éclatant dans une maison mortuaire.

Aussi, désirant qu'Orsola sût bien que je l'avais entendue :

— Orsola, lui dis-je, vous pouvez enlever la table, je n'ai pas faim.

Et je remontai dans ma chambre, où je m'enfermai.

Orsola se tut, mais le chien continua de

gémir toute la journée et toute la nuit suivante.

Ses hurlements ne cessèrent qu'au moment où la voiture, qui ramenait les enfants, entra dans la cour du château.

X

Orsola.

Mon frère mort, je devins le chef de la famille et l'administrateur de la fortune de mes neveux.

D'abord, je me trouvai assez embarrassé. Je n'avais eu que douze ou quinze cents francs de revenu, provenant d'un petit bien paternel que je faisais rapporter moi-même.

Lorsque j'eus à manier des sommes considérables en billets de banque, il me prit des frissonnements inconnus ; quand je vis des sacs d'or renversés sur une table, je compris le vertige.

Seulement, ces sensations étaient toutes physiques, et n'avaient rien de criminel. Je n'avais d'autres désirs que ceux éclos dans le cercle où d'habitude je vivais.

M. Sarranti commença l'éducation des enfants, me donna quelques conseils pour l'emploi et le placement des revenus, et les premiers jours s'écoulèrent dans une parfaite tranquillité.

Les deux seules femmes qui habitassent la maison étaient Gertrude et Orsola; Gertrude, qui après avoir été la nourrice de ma belle-sœur à vingt ans et l'avoir vue mourir entre ses bras, était devenue la gouvernante de ses enfants à quarante-cinq; Orsola, qui s'était, comme on l'a vu, impatronisée dans la maison, et décorée du titre de femme de confiance.

On a vu l'effet de répulsion que cette femme avait commencé par produire sur moi. Pourquoi ? A part cette chanson que je lui avais entendu chanter le jour de l'enterrement de mon frère, je n'eusse pas trop su le dire. Ce n'était point qu'il y eût en elle quelque chose de répulsif; au contraire, elle était belle.

Seulement, il fallait s'en apercevoir; mais, du moment qu'on s'en était aperçu, les regards qui l'avaient d'abord laissé passer indifféremment, revenaient à elle, et une fois qu'ils avaient pris cette fatale direction, ne pouvaient plus la quitter.

D'abord, quand je l'avais aperçue pour la première fois, elle était vêtue d'un costume sombre, qui ne la faisait aucunement valoir; ses cheveux étaient cachés sous une espèce de coiffe de veuve, le reste de son accoutrement était celui, non pas tout à fait d'une femme du commun, mais d'une bourgeoise qui a renoncé à toute idée de plaire.

La seule chose que j'eusse remarqué, c'étaient des yeux qui m'avaient paru assez beaux, des dents qui m'avaient paru assez belles, et des lèvres dont le rouge vif et presque sanglant, m'avait frappé.

Mais, depuis la mort de mon frère, peu à peu et semaine par semaine, elle avait, pour ainsi dire, mis à jour une beauté ; c'étaient d'abord de magnifiques cheveux, bleus à force d'être noirs, dont elle avait tiré de dessous sa coiffe la riche réserve, et dont elle s'était fait de splendides nattes; c'était un cou doré comme l'épi au mois de juillet, qu'elle avait dégagé d'une collerette montante; c'était une taille souple et flexible comme le bouleau de nos montagnes, qu'elle avait emprisonnée dans une robe de deuil en taffetas noir; c'était un pied espagnol, mieux que cela, un pied basque, qu'elle avait débarrassé de la pantoufle qui le chaussait, et emprisonné de nouveau, mais cette fois dans un soulier à rubans flottants; c'était une double rangée de dents blanches qu'elle montrait, même sans sourire, comme si ses lèvres eussent été trop courtes et trop arrondies pour se rejoindre; c'étaient enfin des mots charmants dits en patois de nos montagnes, avec un mélodieux accent basque, et qui me semblaient, quand elle m'adressait la parole, ce qui au reste lui arrivait rarement, un écho du pays natal.

Tous ces changements successifs s'étaient opérés en moins de trois mois, au grand étonnement de tous les commensaux de la maison, qui ne soupçonnaient point, sous sa chrysalide de bure, la brillante phalène qui venait d'éclore.

Au reste, pour qui Orsola faisait-elle ces frais de toilette? Il était impossible de le dire; elle ne parlait jamais à personne que les besoins de la maison ne l'y forçassent, et elle se tenait dans sa chambre tout le temps qu'elle n'avait point affaire dans les régions aristocratiques du château.

Pour elle, sans doute!

Cette innocente coquetterie déplaisait sans doute à son ancien maître, et, peu à peu, elle voulait s'assurer si son nouveau maître était aussi sévère que l'ancien.

Son nouveau maître, c'était moi!

Laissez-moi vous dire toutes les séductions de cette femme, à qui j'eusse donné quarante ans la première fois que je l'avais vue, et qui, au fur et à mesure qu'elle dépouillait l'ancien costume, semblait dépouiller avec lui les années ; de sorte qu'au bout de trois mois, je lui en eusse donné à peine trente.

C'est là ma seule excuse à l'infâme ascendant que cette abominable créature finit par prendre sur moi.

J'avais, je vous l'ai dit, perdu ma femme très jeune, et après d'assez tristes années de mariage ; doué d'une constitution assez robuste, d'un tempérament d'homme du midi, mes passions avaient pu momentanément s'engourdir, mais devaient infailliblement un jour où l'autre se réveiller.

Plusieurs fois, je m'étais surpris à regarder passer cette femme ; plusieurs fois je m'étais étonné, en son absence, de penser à elle.

Quant à elle, elle semblait n'avoir pour moi d'autre attention que cette respectueuse déférence que l'inférieur a pour son maître.

Elle s'était réservé le service de ma chambre et de celle de M. Sarranti, ayant le soin d'y entrer de préférence pendant le déjeûner ou le dîner, et n'y trahissant sa présence que par ces attentions qui dénotent, chez celle qui les a, les habitudes personnelles de la plus excessive propreté.

Nous rentrions régulièrement dans nos

chambres à neuf heures du soir, et, en général, à dix heures tout le monde était endormi.

Un soir, que j'avais à revoir des comptes de banque et de régie — c'était pendant une nuit de décembre 1818 — je prévins Orsola de mon désir de prolonger mon travail assez avant dans la nuit, et la priai de faire monter une provision de bois dans ma chambre.

Elle l'apporta elle-même en venant faire la couverture; puis, le bois déposé, sa couverture faite, elle sortit en me demandant en patois :

— Monsieur n'a plus besoin de rien ?

— Non, lui répondis-je en détournant d'elle mon regard ; car j'avais peur que mon regard, en se fixant sur elle, ne fît jaillir de mon cœur un éclair de cette étrange luxure qu'elle éveillait en moi.

Elle sortit, tira doucement la porte derrière elle, et je l'entendis monter l'escalier et rentrer dans sa chambre, située au-dessus de la mienne. Je restai pensif, sans faire attention que, peu à peu, le feu s'éteignait, et je ne commençai à m'apercevoir de cette extinction que par le froid qui m'envahissait lentement.

Il était inutile que je pensasse à travailler ce soir-là, toutes mes pensées étaient ailleurs; je voulus fuir dans le sommeil les tentations qui venaient m'assaillir. Je jetai une brassée de bois sur mon feu, je me couchai, j'éteignis ma lumière, et j'essayai de m'endormir.

Je m'endormis en effet.

Une heure à peu près s'était écoulée depuis que j'avais fermé les yeux, quand je me réveillai, suffoqué par la fumée; le feu avait pris dans la cheminée, par suite sans doute de la trop grande quantité de bois que j'y avais jetée, le vent rabattait la fumée dans ma chambre, et cette fumée m'étouffait.

Je me jetai en bas de mon lit, et je criai : Au feu! mais personne ne vint.

J'allais gagner l'escalier de service, quand, au bout du corridor, j'aperçus Orsola, les cheveux dénoués, vêtue d'une espèce de peignoir, qui n'était autre qu'une longue chemise de nuit, pieds nus, son bougeoir à la main.

Elle était superbe ainsi, et semblait quelque apparition comme on raconte qu'il en existe dans les vieux châteaux, ou dans les couvents en ruine.

Il y avait en effet, à la fois, dans cette femme, de la châtelaine et de l'abbesse, mais surtout du démon.

Puis, comme si la distance qu'il y avait

d'elle à moi eût dû l'empêcher de remarquer le luxurieux désordre dans lequel elle se trouvait.

— Vous avez appelé à l'aide, dit-elle, et je suis accourue : qu'y a-t-il ?

Je la regardai émerveillé.

— Le feu ! balbutiai-je, le feu !

— Où cela ?

— Dans ma chambre.

Elle s'y précipita, sans se préoccuper de la fumée.

— Ah ! dit-elle, ce n'est rien.

— Comment, ce n'est rien ?

— Non, c'est un feu de cheminée, et les cheminées sont en briques. Veuillez bien m'aider, monsieur, et nous allons l'éteindre.

— Comment, l'éteindre ? Comment ? appelons du monde.

— C'est inutile, dit-elle, ne réveillez personne, nous l'éteindrons bien à nous deux ; et je dirai même que je l'éteindrai à moi seule, si vous ne voulez pas vous en mêler.

Ce sangfroid me paraissait merveilleux. C'était moi, l'homme, c'est-à-dire la créature qui se prétend forte, qui avais eu peur.

C'était elle, la femme, c'est-à-dire la créature que l'on dit faible, qui me rassurait.

Je n'appelai point. Dans la disposition d'esprit où je m'étais couché, l'apparition qui venait à moi était celle que j'eusse invoquée.

Elle, d'ailleurs, était, comme je l'ai dit, hardiment entrée dans ma chambre, avait ouvert la fenêtre pour dissiper la fumée, avait arraché les draps de mon lit, les avait trempés dans la cuvette, et de ces draps mouillés appliqués au foyer, elle avait hermétiquement fermé tout courant d'air.

Puis, tirant le drap à elle d'un mouvement régulier, elle avait produit le vide et fait tomber des hautes régions de la cheminée les couches de suie qui s'étaient enflammées.

Une demi-heure suffit à toute cette opération, pendant laquelle je l'aidai, c'est vrai, mais plus préoccupé de ces cheveux noirs, de ces pieds blancs, de ces épaules arrondies qui transparaissaient sous le peignoir, que de l'incendie, qui, du reste, était complétement vaincu.

Une autre demi-heure n'était point écoulée, que le parquet était épongé, la chambre propre, mon lit refait, et que cette créature gymnastique, qui semblait un démon commandant aux éléments, avait disparu.

La nuit qui suivit cet événement fut une des plus cruelles que je passai de ma vie.

Au reste, j'étais résolu de récompenser ce sangfroid et ce dévoûment. Le lendemain, après le déjeûner, à l'heure où je la savais occupée à faire ma chambre, je montai, et m'approchant d'elle, qui semblait ne se souvenir de rien, je lui offris mes remercîments et lui présentai une bourse contenant une vingtaine de louis.

Mais elle, recevant mes remercîments avec humilité, singulier contraste, repoussa la bourse avec hauteur.

J'insistai ; mais elle répondit simplement et sans affectation :

— Je n'ai fait que mon devoir, monsieur.

Puis, comme je pensai que peut-être la somme n'était pas assez forte pour la tenter, et que je voulais avoir le dernier mot de ce désintéressement, je pris tout l'or que j'avais dans ma poche, je le joignis à celui qui était dans la bourse, et je la lui présentai de nouveau, sans plus de succès.

Puis, comme je lui demandai la raison de ces refus.

— Il y en a une première, que je vous ai dite d'abord, et c'est la plus puissante. Je n'ai fait que mon devoir, et qui ne fait que son devoir n'a pas droit à une récompense.

Puis, ajouta-t-elle en souriant, il y en a une seconde.

— Laquelle? demandai-je.

— C'est que, relativement, monsieur, je suis aussi riche que vous.

— Comment cela?

— Mon ancien maître m'a laissé trente mille francs, c'est-à-dire quinze cents livres de rentes. Je n'ai qu'à retourner dans la vallée de Savines, d'où je suis, et, avec mes quinze cents francs, je vivrai comme une reine.

— Mais alors, coutinuai-je, pourquoi avez-vous demandé de si faibles gages, quand je vous ai prié de faire votre prix ?

— Pour deux raisons encore, répondit-elle ; parce que j'étais depuis dix ans dans la maison, et que mon grand désir était de ne pas vous quitter.

— Voilà la première, lui dis-je. Et la seconde ?

— La seconde, dit-elle en rougissant légèrement ; la seconde c'est parce que du premier coup d'œil, je m'étais sentie attirée vers vous, et qu'il me plaisait d'entrer à votre service.

Je remis ma bourse dans ma poche, tout honteux de trouver une pareille élévation de sentiments, dans une femme que je n'avais jusque-là considérée que comme une servante.

— Orsola, lui dis-je, à partir de demain, vous prendrez une femme pour faire ici ce que vous avez fait jusqu'à présent, et vous vous contenterez de surveiller les domestiques.

— Pourquoi me priver d'un plaisir, monsieur, en empêchant que je vous serve? répondit Orsola. Est-ce votre manière de me récompenser?

Elle répondit ces quelques paroles avec la plus grande simplicité.

— Eh bien, soit, répondis-je, vous continuerez de me servir, ma chère Orsola, puisque vous prétendez que ce service est un plaisir pour vous ; mais vous ne servirez que moi seul, Jean s'occupera de M. Sarranti.

— Soit, dit-elle, j'accepte cela ; il me sera permis d'avoir plus soin de vous.

Puis, comme ma chambre était achevée elle sortit simplement et dignement, ne se doutant pas, ou du moins n'ayant pas l'air de se douter qu'elle m'avait laissé émerveillé de sa délicatesse, comme, l'autrefois, elle m'avait laissé émerveillé de sa beauté.

A partir de ce moment le sort de ma vie fut décidé, et j'appartins à cette femme.

Elle, de son côté, voyant qu'au lieu de continuer à lui donner des ordres, comme on fait à une servante, je l'entourais d'attentions, comme on fait à une femme, devint plus réservée à mesure que je devenais plus respectueux; elle avait eu, depuis qu'elle était à la maison, le parler franc, libre et hardi, m'adressant la parole en patois, chaque fois que l'occasion s'en présentait. Maintenant, elle me parlait à peine et toujours à la troisième personne ; devenue timide, presque craintive, elle tremblait au premier mot, rougissait au premier geste; avait-elle connaissance des désirs qu'elle m'inspirait, ou feignait-elle de les ignorer? A cette époque, il m'eût été impossible de le dire; depuis, j'ai connu quelle prodigieuse comédienne c'était que cette femme, et avec quel art elle marchait à son but.

La lutte dura trois mois environ.

Pendant cet intervalle, le jour de ma fête était arrivé, et Gertrude avait eu l'idée d'en faire une solennité. Le soir venu, les enfants furent amenés au dessert avec de magnifiques bouquets, puis derrière les enfants, Sarranti, qui me tendit la main, Jean et le jardinier, qui vinrent me faire leurs compliments.

J'embrassai tout le monde, enfants et grandes personnes, professeur et domestiques, et cela parce que je pensais qu'Orsola viendrait à son tour, et que je l'embrasserais comme les autres.

Elle entra la dernière, et je jetai un cri en la voyant entrer.

Elle était vêtue de son costume de montagnarde, avec le fichu rouge sur la tête, le corsage de velours noir et or, quelque

chose de ravissant entre la fille d'Arles et
la paysanne romaine.

Elle me dit quelques mots en patois pour
me souhaiter de longs jours et l'accomplissement de tous mes vœux. Je restai muet,
ne sachant que lui tendre les bras pour
l'embrasser.

Mais elle ne me tendit pas même les
joues, elle baissa la tête, me présenta son
front, rougissant comme une jeune fille,
tandis que sa main tremblait dans ma
main.

Personne n'aimait Orsola dans la maison, excepté moi, qui la désirais peut-être plus que je ne l'aimais; mais, malgré le peu de sympathie qu'il y avait pour elle, il n'y eut qu'un cri pour louer cette opulente beauté à qui le costume national prêtait tout le charme de l'originalité.

Je me sentis si troublé, que je remontai dans ma chambre, pour que personne ne s'aperçût de mon émotion.

J'y étais depuis quelques instants, sans autre lumière que le reflet du feu qui brûlait dans l'âtre, lorsque je reconnus le pas d'Orsola qui s'approchait de ma chambre, et quand ma porte s'ouvrit, je la vis apparaître dans son ravissant costume, éclairé par le bougeoir qu'elle tenait à la main et qui l'eveloppait de lumière.

J'étais assis dans un fauteuil, appuyé, haletant, sur le bras du siége, dans la position de l'homme ou de l'animal prêt à s'élancer.

Elle me vit et fit un mouvement, comme si elle ne s'attendait point à me trouver là, mais, ce premier mouvement échappé à la surprise, elle s'avança vers mon lit, et, comme d'habitude, commença d'enlever la couverture.

Alors je me levai, et décidé à tout risquer, j'allai à elle les bras ouverts, chancelant, comme un homme ivre, et lui disant avec toute la frénésie de ma folle passion :

— Orsola ! Orsola ! que tu es belle !

Attendait-elle ce moment, fut-elle réellement surprise? je l'ignorai toujours. Ce que je sais seulement, c'est qu'elle jeta un faible cri, qu'elle laissa tomber son flambleau, et que nous nous trouvâmes dans l'obscurité.

O mon père ! mon père ! murmura le malade, de cet instant commença ma vie criminelle ; de cet instant Dieu se retira de moi et j'appartins au démon.

Le malade retomba presque expirant sur son oreiller, et le dominicain, tremblant que le reste de cette confession, si lente à arriver à l'endroit qui l'intéressait, ne lui échappât, n'hésita point cette fois à donner au mourant une seconde cuillerée de cet élixir qui lui avait déjà donné la force de continuer.

M. Gérard fit un effort et continua en ces termes :

FIN DU SIXIÈME VOLUME.

Fontainebleau, imprimerie de E. Jacquin.

Ouvrages d'Eugène Sue.

La Famille Jouffroy.	7 vol
Mémoires d'un mari	4 vol.
Fernand Duplessis.	6 vol
Gilbert et Gilberte	7 vol
La marquise d'Alfi.	2 vol.
L'Institutrice	4 vol.
Les Enfants de l'Amour	4 vol

Ouvrages d'Alexandre Dumas.

Les Mohicans de Paris	6 vol.
Catherine Blum	2 vol.
Vie et aventures de la princesse de Monaco.	5 vol.
El Saltéador.	5 vol.
Souvenirs de 1830 à 1842	4 vol.
Un Gilblas en Californie.	2 vol.
Les Drames de la Mer.	2 vol
Le Pasteur d'Ashbourn.	8 vol.
Conscience	5 vol
Olympe de Clèves	9 vol.
La Comtesse de Charny.	16 vol.
Le Trou de l'Enfer	4 vol.
Dieu dispose	6 vol.
La Femme au collier de velours.	2 vol.
Histoire d'une colombe	2 vol.
Ange Pitou	8 vol
Le Collier de la reine.	11 vol.
Le Véloce.	4 vol.
Mariages du père Olifus.	5 vol.
Les mille et un fantômes	2 vol.
La Régence	2 vol.
Louis XV.	5 vol.
Louis XVI.	5 vol.
La comtesse de Salisbury	6 vol.

Fontainebleau, imp. de E. Jacquin.

www.ingramcontent.com/pod-product-compliance
Lightning Source LLC
Chambersburg PA
CBHW071508160426
43196CB00010B/1459